Tous Continents

De la même auteure chez Québec Amérique

Adulte

Le Pari, coll. Tous Continents, 1999, nouvelle édition en format de poche
coll. Nomades, 2016.

Chronique d'un cancer ordinaire – Ma vie avec Igor, hors coll., 2014.

Maïna, coll. Tous Continents, 1997, nouvelle édition 2014.

Pour que tienne la terre, coll. Tous Continents, 2014.

Là où la mer commence, coll. Tous Continents, 2011.

Au bonheur de lire, Comment donner le goût de lire à son enfant de 0 à 8 ans,
coll. Dossiers et Documents, 2009.

Pour rallumer les étoiles, coll. Tous Continents, 2006.

Marie-Tempête, coll. Tous Continents, 1997.

La Bibliothèque des enfants, Des trésors pour les 0 à 9 ans, coll. Explorations,
1995.

Du Petit Poucet au Dernier des raisins, coll. Explorations, 1994.

Jeunesse

SÉRIE CHARLOTTE

L'Étonnante Concierge, coll. Bilbo, 2005, nouvelle édition 2017.

Une drôle de ministre, coll. Bilbo, 2001, nouvelle édition 2016.

Une bien curieuse factrice, coll. Bilbo, 1999, nouvelle édition 2015.

La Mystérieuse Bibliothécaire, coll. Bilbo, 1997, nouvelle édition 2015.

La Nouvelle Maîtresse, coll. Bilbo, 1994, nouvelle édition 2015.

Une gouvernante épatante, coll. Bilbo, 2010.

La Fabuleuse Entraîneuse, coll. Bilbo, 2007.

La Nouvelle Maîtresse, Livre-Disque, 2007.

SÉRIE JACOB JOBIN

La Grande Quête de Jacob Jobin, Tome 3 – La Pierre bleue,
coll. Tous Continents, 2010.

La Grande Quête de Jacob Jobin, Tome 2 – Les Trois Vœux,
coll. Tous Continents, 2009.

La Grande Quête de Jacob Jobin, Tome 1 – L'Élu, coll. Tous Continents, 2008.

SÉRIE ALEXIS

Macaroni en folie, coll. Bilbo, 2009.

Alexa Gougougaga, coll. Bilbo, 2005.

Léon Maigrichon, coll. Bilbo, 2000.

Roméo Lebeau, coll. Bilbo, 1999.

Toto la brute, coll. Bilbo, 1998.

Valentine Picotée, coll. Bilbo, 1998.

Marie la chipie, coll. Bilbo, 1997.

SÉRIE MARIE-LUNE

Un hiver de tourmente, coll. Titan, 1998.

Ils dansent dans la tempête, coll. Titan, 1994.

Les grands sapins ne meurent pas, coll. Titan, 1993.

La Vérité sur les vraies princesses, Album, 2012.

Ta voix dans la nuit, coll. Titan, 2001.

Mon fol amour

Projet dirigé par Myriam Caron Belzile, éditrice

Conception graphique : Nathalie Caron
Mise en pages : Pige communication
Révision linguistique : Eve Patenaude
En couverture : Photomontage réalisé par Anouk Noël
    à partir d'une photo de Andres Rodriguez / 123rf.com

Québec Amérique
7240, rue Saint-Hubert
Montréal (Québec) Canada H2R 2N1
Téléphone : 514 499-3000, télécopieur : 514 499-3010

Nous reconnaissons l'aide financière du gouvernement du Canada par l'entremise du Fonds du livre du Canada pour nos activités d'édition.

Nous remercions le Conseil des arts du Canada de son soutien. L'an dernier, le Conseil a investi 157 millions de dollars pour mettre de l'art dans la vie des Canadiennes et des Canadiens de tout le pays.

Nous tenons également à remercier la SODEC pour son appui financier. Gouvernement du Québec – Programme de crédit d'impôt pour l'édition de livres – Gestion SODEC.

Catalogage avant publication de Bibliothèque et Archives nationales du Québec et Bibliothèque et Archives Canada
Demers, Dominique
Mon fol amour
(Tous continents)
ISBN 978-2-7644-3384-3
I. Titre. II. Collection : Tous continents.
PS8557.E468M66 2017   C843'.54   C2016-942557-6
PS9557.E468M66 2017

Dépôt légal, Bibliothèque et Archives nationales du Québec, 2017
Dépôt légal, Bibliothèque et Archives du Canada, 2017

Imprimé au Québec

DOMINIQUE DEMERS

Mon fol amour

QuébecAmérique

À Timothée

*D*e gros flocons de neige fondante tombent du ciel. Robert m'a donné rendez-vous au Café Bistro de Saint-François à neuf heures pour covoiturer. Timothée, mon fidèle paquet de poils de deux kilos, m'accompagne. Il compte bien profiter lui aussi d'un des derniers jours d'hiver où nous pouvons encore gravir quelques sommets en ski de fond. Mes copains et moi utiliserons des peaux de phoque, mon yorkshire nain, ses seules pattes avec des pauses sac à dos.

Je me sens, comme la saison, dans un entre-deux. Entre deux livres, entre deux amoureux, entre deux lieux d'écriture aussi. Il y a un an, j'ai abandonné un magnifique repaire dans les Hautes-Laurentides avec vue époustouflante sur un lac de carte postale. Trop loin, trop cher, trop isolé, trop de souvenirs à fuir…

Neuf heures, pour mon ami Robert, c'est presque le milieu du jour. Bob vit sur la cime d'une montagne dans une minuscule maison en bois rond qui ressemble à un camp de bûcheron. Plus simplicité volontaire que ça, tu fais carrément du camping. Il a l'eau courante et un peu d'électricité, c'est tout. Une grosse truie trône au milieu de l'unique pièce et les fenêtres sont placardées de toiles de plastique pour que les tuyaux ne gèlent pas. Mon ami s'y est installé temporairement, «pour quelques mois gros max», après une séparation amoureuse en attendant de trouver un logement permanent. C'était il y a onze ans.

Pour moi, neuf heures, le week-end, c'est l'aube. Mais par crainte de rater le rendez-vous, j'ai quitté Montréal tellement tôt qu'à mon arrivée au Café Bistro, il me reste une belle demi-heure à tuer. En temps normal, j'en profiterais pour me réchauffer devant un grand bol de café au lait mousseux. Mais à cause de cet entre-deux, parce que je cherche un nouveau lieu d'écriture pour le paquet de poils et sa maîtresse, un truc abordable, pas trop loin de Montréal, avec un paysage à admirer, je consulte plutôt une carte, repère un lac miniature à quelques kilomètres du Café Bistro et file dans cette direction.

Juste au moment où mon vieux 4 X 4 atteint le sommet d'un button, le soleil écarte un troupeau de nuages et éclaire glorieusement un tout petit plan d'eau gelé derrière les conifères. Mon cœur bondit. Nous sommes vraiment près de Montréal et ce tableau est absolument ravissant.

— Ouvre tes yeux et dresse tes oreilles, Timothée! On cherche un chalet à vendre, compris?

Mon chien s'étire le cou pour regarder par la fenêtre, la queue frétillante, comme s'il avait compris mes paroles, même si je sais qu'il suffit de prononcer son nom pour déclencher une telle réaction.

C'est un *joli* lac. Ces quatre lettres me semblent parfaitement décrire ce que je vois. Un lac avec trois îlots déposés au beau milieu et un rivage de conifères encadrant des chalets et des maisons plutôt modestes ayant fière allure. Un lac sans embarcations motorisées (une affiche signale l'interdiction), réservé aux flâneurs, aux skieurs, aux patineurs, aux nageurs, aux amateurs de canot ou de pédalo. Un lac pas trop grand mais assez pour qu'un aller-retour à la nage constitue un chouette entraînement. Et aux berges pas trop densément peuplées. À cinquante minutes de Montréal. Un lac exactement comme je l'espérais.

Mais un lac avec zéro chalet à vendre. J'aurais dû m'en douter après avoir épluché tous les sites Internet immobiliers pendant des semaines. Au terme de mon exploration infructueuse, arrivée là où le chemin Tour du lac rejoint la route principale, je m'arrête devant un dépanneur décrépit. On est loin de Saint-Sauveur, je me dis. Cette constatation ne m'apporte toutefois aucune consolation puisque l'idée d'être à l'écart des zones touristiques me séduit.

— C'est plate, hein, Tim ? On aurait été bien ici.

La bête m'observe en pliant puis en dépliant les oreilles, signe d'intense réflexion. Timothée semble… dubitatif. Oui. C'est ça.

— T'as raison, mon homme ! On a peut-être mal regardé…

On se tape une deuxième boucle autour du lac en voiture sans rien trouver, bien sûr, et de plus en plus persuadés que ce lieu aurait pu être *notre* lieu. À trois cents mètres du dépanneur, juste avant de prendre à gauche pour foncer vers mon rendez-vous avec Bob, je me retourne pour dire adieu au lac.

C'est là que je l'aperçois entre les arbres. Pas au bord du chemin, mais plus bas, tout près de l'eau. Une pancarte d'agent d'immeubles.

Marche arrière… jusqu'à une rue étroite tellement bien dissimulée que je suis passée deux fois devant sans la remarquer. Quatre maisons. Plus une pancarte au pied de ce court chemin privé. «À VENDRE», puis-je y lire. On ne voit pas d'habitation pourtant. À croire que c'est le lac qui est à vendre!

Et soudain, la voilà. Pour la repérer, il faut quasiment plonger dans le lac encore gelé. Une maisonnette de bois grège rehaussée de rouge. Des fenêtres habillées de tissu à carreaux, un pan de dentelle dans la porte framboise, un balcon invitant. On dirait une maison de conte pour enfants. Celle de Boucle d'or, tiens. Le stationnement est vide.

— Viens, Timothée!

On cale un peu dans la neige fondante pour atteindre la maisonnette, mais ça vaut la peine. En m'écrasant le bout du nez dans la grande fenêtre à côté de la porte d'entrée, je découvre la cuisine et le salon. Une seule pièce. La taille me semble idéale. Timothée gambade comme un chevreuil dans la neige pesante. Il est heureux ici. C'est clair.

Soupir et re-soupir alors que je songe au prix demandé pour les rares chalets avec vue dans la région. Et pas même proches d'un lac!

— C'est sûrement trop cher! Viens, Timothée…

Robert m'attend dans sa voiture devant le Café Bistro. Un peu fru et tendu. Bob, dit «le bûcheron», est un grand gaillard tout en muscles d'une gentillesse légendaire. Sauf qu'il déteste être en retard. Surtout quand c'est lui qui guide la sortie de ski de fond. Pour me faire pardonner, je lui raconte tout.

— Si c'est bon, c'est trop cher, c'est certain, convient-il. Un lac à cinquante minutes de Montréal… Penses-y!

J'y ai pensé toute la journée. En grimpant comme en descendant. En traversant deux lacs gelés beaucoup plus éloignés de la ville. Et tellement moins inspirants.

Au moment de ranger les peaux de phoque, j'ose faire la grande demande à Bob.

— Tu veux bien m'accompagner? Je voudrais le revoir.

Cette fois, il y a une voiture devant la maison et un ruban de fumée au-dessus du toit.

— Note le numéro de téléphone de l'agent d'immeubles pour prendre rendez-vous, suggère Bob.

Mon silence l'incite à se tourner vers moi…

— Ah non! Tu ne vas pas faire ça.

Les propriétaires m'assurent que je peux entrer.

— Notre agent d'immeubles, c'est mon cousin, explique madame. Il est à Cuba cette semaine. Vous nous dérangez pas une miette.

J'entends ce qu'elle dit comme si c'était une voix à la radio. Un son en toile de fond. Les propriétaires du chalet ont disparu. Bob aussi, même si je sens sa main sur mon épaule. Là, tout de suite, je suis seule dans *mon* chalet. Non… Dans mon *bateau*. La petite maison est quasiment construite sur l'eau et la fenestration tellement abondante qu'on a l'impression d'être sur le pont d'un navire.

J'ai les paumes moites, la gorge sèche et mon cœur joue du tambour. Je viens de tomber amoureuse.

La main de Bob se fait plus insistante sur mon épaule. J'émerge de ma bulle pour constater que les propriétaires me dévisagent étrangement.

— C'est… c'est… combien?…, je bredouille.

— Cent trente mille, répond le monsieur.

— C'est… pas si cher. C'est vraiment beau… Je… je l'aime.

Ouch! Les doigts de Bob s'enfoncent dans mon épaule. Qu'est-ce qui lui prend?

La réponse me frappe tout à coup. J'ai fait la même gaffe à mon premier achat de propriété. Mon pauvre conjoint avait frisé la crise d'apoplexie en m'entendant vanter devant les vendeurs la perfection de la maison que nous venions de visiter. À cette étape très préliminaire d'une transaction immobilière, il faut faire semblant de ne pas trop aimer. C'est mieux pour négocier.

Oups… Trop tard !

C'est comme ça depuis que j'ai quatorze ans. Je perds ma cervelle et tous mes moyens chaque fois que je tombe amoureuse.

*U*n coup de foudre, c'est bien plus qu'un envoûte-ment né d'une puissante attraction physique mêlée à des phéromones avec ajout d'ondes favorables, d'une chimie particulière ou d'un certain parfum dans l'air. Il y a aussi ce sentiment étrange et excitant, même si peu fondé, d'être enfin arrivé à destination.

C'est ce que j'éprouve pendant ma visite du petit chalet de la rue cachée.

Bob joue le parfait mari.

— J'irais jeter un coup d'œil au sous-sol, déclare-t-il aux propriétaires sur le ton de celui qui passe sa vie à visiter des maisons.

Monsieur l'accompagne pendant que madame m'offre le tour du proprio. Tout m'apparaît adorable. Un soleil printanier illumine le lac. Le feu flambe dans le poêle à bois. Un doux silence remplace tous les mots du monde devenus superflus.

La dame ouvre une première porte sur une pièce peinte en bleu, un peu étroite pour servir de chambre à coucher mais de taille idéale pour héberger une bibliothèque, une table et une chaise. Un petit paradis d'écriture planté sur le pont d'un bateau… De la fenêtre, à trois pas du lac, on ne voit que du ciel et de l'eau.

L'autre pièce fermée réussit tout juste à loger un lit double et des tables de chevet naines. Les murs recouverts de lambris de bois sont peints jaune serin. Une chambre soleil. Toute dorée. Après ces deux espaces, la salle de bain paraît extra grande. Rideaux marine, tuiles blanches et bois naturel.

De retour dans la cuisine-salon-salle à dîner où le ciel immense et le lac gelé font oublier les armoires laides et le plancher en contre-plaqué, j'affiche un sourire un peu niais tant je suis aux anges lorsque j'aperçois soudain, par la fenêtre, Bob et monsieur revenant de leur expédition au sous-sol. Mon ami profite d'un moment où son hôte regarde droit devant lui pour gesticuler de manière dramatique. Son message est clair : « Ce que je viens de voir n'a pas d'allure. Vite ! On se sauve ! »

J'ai à peine le temps de remercier la dame. Bob me tire par le bras en prétextant un impardonnable retard à un rendez-vous d'une importance capitale.

Une fois dans la voiture, il lâche sur le ton du parent affolé parce que son enfant s'apprête à commettre une gaffe monumentale :

— T'achètes pas ça !

— Pourquoi ?

— C'est construit tellement tout croche que les murs tiennent par miracle.

Le lendemain, j'appelle Nicole, la seule agente d'immeubles parmi mes connaissances. Bel adon, elle est justement spécialisée dans ce coin des Laurentides. Nicole, c'est la fille la plus forte de mon club de vélo. Et celle qui porte les plus beaux maillots. Elle peut avaler deux cents kilomètres en une journée et sourire en fin de parcours. C'est elle qui m'a enseigné comment grimper un col de manière efficace, « les mains sur les cocottes du guidon, la poitrine un peu bombée pour dégager les poumons, et les fesses légèrement reculées sur la selle ».

Deux jours plus tard, nous visitons ensemble douze propriétés à vendre dans un rayon d'une trentaine de kilomètres de mon chalet de la rue cachée. Un seul bord de lac dans le lot. Prix demandé : près d'un demi-million.

— Je voulais juste que tu voies…, s'excuse-t-elle devant mon air catastrophé, alors que je consulte le descriptif de la propriété construite dans une baie étroite où l'œil frappe trop vite la rive opposée.

Les onze autres propriétés n'ont pas la moitié du charme de mon chalet-bateau. Mais elles sont plus solidement construites, davantage confortables, plus faciles à chauffer, mieux évaluées par la municipalité et donc plus aisément revendables, plaide ma guide. Entre deux visites, j'apprends que la belle Nicole habite avec son riche mari un vaste domaine qui vaut une fortune. Ils disposent même d'un plan d'eau privé et d'une piscine intérieure.

Malgré sa profonde désapprobation pour ce qu'elle appelle platement « l'inscription pas chère », Nicole a prévu une visite de ladite inscription en toute fin de journée, persuadée qu'à cette étape, après avoir vu tant de maisons plus solides « dans des environnements mieux adaptés », c'est-à-dire plus huppés, ma perception aurait changé.

Or, le charme opère toujours. Et Timothée semble du même avis que moi. Sitôt sorti de voiture, il s'élance joyeusement, heureux de reconnaître les lieux. Cette fois, je me fais un devoir de descendre au sous-sol. Nicole me suit avec réticence. Une fois à l'intérieur, elle reste les deux pieds scotchés sur le gros caillou servant de palier, visiblement dégoûtée à l'idée de faire un pas de plus.

Si Bob ne m'avait pas si bien prévenue et Nicole n'avait pas manifesté autant de dédain – à croire qu'au lieu d'entrer dans un sous-sol de service, on pénétrait dans une fosse septique –, tout aurait peut-être été différent et la suite de mon existence également. Même si le spectacle n'est guère attrayant, ce que je découvre sous ma petite maison de rêve ressemble à ce qui se cachait sous le chalet de ma tante Jacqueline établie sur les rives de l'Outaouais. Terre battue, réservoir d'eau chaude posé sur de vieilles planches, fils électriques qui pendouillent, enchevêtrement de tuyaux d'eau, poutres et poteaux de toutes sortes, certains d'apparence douteuse, d'autres un brin moins, et toiles d'araignées en quantité industrielle. Il fait noir et mon père aurait dit que ça sent le diable. Une partie du sous-sol est dégagée, avec assez d'espace pour faire quelques pas, mais pour aller plus loin, il faut ramper.

— Tu vois ! s'exclame Nicole, triomphante, en agitant ses belles mains aux ongles impeccablement manucurés.

— Qu'est-ce que tu trouves de *si* pire ?

Bref soupir de profonde exaspération de l'agente d'immeubles avant qu'elle réponde :

— Tout ! C'est un vieux chalet trois fois agrandi au petit bonheur la chance par des incompétents. Ils ont utilisé ce qu'ils avaient sous la main sans se donner la peine d'excaver. Ça doit être bourré de champignons, humide, mal chauffé, pas isolé… La totale, quoi !

— Mais de tout ce qu'on a visité, c'est le seul chalet au bord de l'eau avec une belle vue et abordable.

Re-soupir.

— En investissant un peu, j'imagine que tu pourrais t'en faire un bureau pour écrire…

— C'est en plein ça !

— Mais j'espère que tu ne t'imagines pas *dormir* ici !

Me revoilà, à quatorze ans, devant ma mère qui m'explique que le gars dont je suis éperdument amoureuse n'est pas à la hauteur de mes cinq pieds quatre pouces pour un tas de raisons que je n'arrive pas à comprendre alors qu'une voix crie au fond de moi : MAIS JE L'AIME !

La négociation dure trois jours au terme desquels Nicole m'annonce :

— Notre contre-contre-offre est refusée.

— Mais on a accepté de leur donner ce qu'ils demandaient.

Je néglige d'ajouter « après avoir commencé en proposant à peine la moitié parce qu'à tes yeux le chalet de mes rêves est un vulgaire taudis ».

— Ils ont reçu deux autres offres. Meilleures.

J'ai envie de lui arracher les yeux. C'est de sa faute. Elle a utilisé une stratégie pourrie. J'ai visité la première. C'est *moi* qui devrais l'avoir.

— Il faut croire que ce n'était pas pour toi. Ne t'inquiète pas. Je vais continuer à chercher. On va trouver.

Clac ! Je lui ferme mon cellulaire au nez sans rien ajouter et je passe les heures suivantes à inventer des tortures qui feraient frémir Stephen King. Nicole cuisant à petit feu dans une marmite comme dans *Shogun*. La tête de Nicole plantée au bout d'une perche rôtissant sur un feu de bois. Nicole pendue par les oreilles à un fil électrique…

— *S*alut, vieille chipie !

— Allo, tête de lard chérie…

— Qu'est-ce que tu fricotes de bon ?

Gros soupir au téléphone.

— Es-tu en peine d'amour cou'donc ?

Son ton est moqueur. Pas ma réponse.

— Oui… Sauf que c'est pas d'un homme.

Rock s'esclaffe.

— Tu me feras pas croire que t'es aux femmes. Quoique… T'es tellement une boîte à surprises qu'on ne sait jamais !

Le silence qui s'étire lui fait comprendre que je suis vraiment dans mes petits souliers. Sa voix s'adoucit.

— Raconte…

La digue saute. Les mots se bousculent. Je lui confie avec une force d'émotion qui me surprend ma récente peine d'amour immobilière précédée du formidable coup de foudre.

— Depuis que je vis dans une cage à poules à Montréal avec vue imprenable sur une station-service, je me cherche un endroit chouette pour écrire, dis-je encore.

— T'avais pas un frère qui te prêtait son chalet au bord de la rivière des Outaouais?

— Ouais… mais c'est loin. Et il est archi-allergique aux chiens. Je dois mettre Timothée en pension chaque fois. Ça me crève le cœur.

— Tu sais ce que je pense de ton horreur à poils…

Je ris. Rock a le don de désamorcer les drames avec sa légendaire brutalité sans malice.

— Es-tu en train de me dire que tu veux acheter un chalet pour ton chien?

— Présenté de même, c'est ridicule, mais… c'est quand même mon compagnon.

— Misère! Trouve-toi un homme, ça presse.

— Rock…

— OK. Continue. Je t'écoute.

Je poursuis avec un résumé de l'épopée menée par Nicole jusqu'à la fin des négociations en queue de poisson.

— Il est vendu ou pas, ton mautadit chalet?

— C'est sûr qu'il est vendu, il y avait deux acheteurs plus riches que moi.

— Ça ne veut rien dire. Reste en ligne, je te reviens.

Je l'entends déposer son cellulaire et composer des numéros sur son téléphone fixe. Rock est un homme d'affaires. Il a déjà tenté à quelques reprises de m'expliquer un peu plus concrètement en quoi consiste son travail sans que je comprenne tout à fait. En gros, il joue au Monopoly, mais dans la vraie vie. Il « saisit des opportunités », « finance des projets » et achète des maisons qu'il revend à profit.

Il y a trois siècles, nous avons vécu une brève histoire d'amour en vacances de vélo. Le fameux Grand Tour annuel de Vélo Québec réputé pour être le site de rencontres *live* numéro un au pays. Au retour, après une semaine de rires, de sprints, d'échappées et d'autres réjouissances, nous avons vite constaté que nous étions aussi bien assortis qu'une chaussette et un parapluie. On a donc décidé de garder le meilleur en restant amis. Ses blondes ont défilé, mes hommes aussi, sans qu'on se perde de vue.

— C'est pas vendu.

— T'es sûr ?

— Je viens de vérifier.

Silence ému.

— La veux-tu toujours, ta cabane ?

La réponse fuse tel un vœu de mariage à l'église.

— Oui !

— OK. Ben rappelle ton agent et achète. C'est pas plus compliqué.

Une boulette de papier sablé me bloque l'œsophage. L'idée de reprendre les négociations avec Nicole – je sais qu'une loi nous empêche de changer d'agent d'immeubles comme on change de petite culotte – me catastrophe. Ma confiance est sous zéro et mon envie de travailler avec elle encore moindre. J'explique la situation à Rock.

— Bon. OK. Si tu veux, je te l'achète. Tu vas devoir me repayer parce que je t'aime pas assez pour te faire un aussi gros cadeau, mais je m'occupe de te l'avoir. Ça te convient ?

Totalement sonnée, je bégaie une réponse qui en gros signifie : oui, oui, je t'en supplie.

Rock ne m'a plus donné de nouvelles. Quelle idée saugrenue, de toute façon. Il avait parlé d'acheter un chalet comme on achète un litre de lait. Une petite course en passant, un service pour être gentil. Dans l'espoir de noyer mon chagrin d'amour, j'amorce un nouveau roman, le troisième tome d'une série pour enfants mettant en vedette une vieille dame excentrique qui parle à une roche.

Tout devient merveilleusement possible lorsqu'on écrit de la fiction. C'est peut-être ce que je préfère dans ce métier. Jouer à Dieu. Tricher en m'inventant d'autres vies. Me propulser dans des mondes nouveaux. Imaginer des univers, créer des royaumes, rien qu'avec des mots.

Chaque fois que je rencontre des enfants dans leur classe pour parler de mon métier, je m'amuse à leur demander :

— Peux-tu faire tout ce que tu veux, comme tu veux, quand tu veux ?

La bouche ouverte et les yeux ronds comme des roues de camion, les petites têtes font signe que non.

— Eh bien moi, oui.

Ils m'examinent de la tête aux pieds dans l'espoir de trouver l'indice trahissant ma véritable identité. La madame devant nous, c'est une extraterrestre, c'est sûr.

J'ajoute alors :

— Quand j'écris, je peux tout faire. Et je choisis d'être qui je veux. Un homme ou une femme, un adulte ou un enfant, un lion, un monstre, une sorcière ou un cochon. Je peux même vivre dans l'ancien temps. Ou sur une autre planète.

À partir de là, j'ai toute leur attention !

C'est vrai en plus. Quand j'écris, le présent s'efface. Les frontières disparaissent. Les soucis s'envolent. Les empêchements sont abolis. Je ne vois plus la station-service Ultramar par ma fenêtre, je n'entends plus la musique moche du voisin de palier, je ne sens plus la fumée des Export A venue de l'autre côté. J'écris. Dans ce nouvel épisode de ses aventures, l'héroïne du roman en chantier vit une peine d'amour. Comme par hasard…

À chaque pause, alors que je quitte l'univers de mon personnage chéri pour réintégrer la réalité, je renoue avec la station-service, le grondement des voitures, la puanteur et du coup je me surprends à songer que c'est quand même bête, alors qu'on n'a qu'une vie à vivre, de passer tant de temps à contempler une affiche indiquant le prix du litre d'essence. Surtout en sachant qu'à une heure d'ici, je pourrais écrire en contemplant un plan d'eau avec en bruit de fond le chant des oiseaux.

*M*on éditrice est en pleine forme. Et elle est en voie de me raconter pourquoi alors que j'étudie la taille des makis dans mon assiette. Faut-il absolument diviser ces machins en bouchées? Est-ce si impoli d'en gober un tout rond?

— Jamais je n'aurais cru rencontrer l'homme de ma vie sur Internet, me confie Evelyn, les yeux brillants.

L'amour la comble tellement qu'elle en perd l'appétit. À peine a-t-elle touché à ses sushis végétariens. Tant pis. Moi, je crève de faim. J'enfourne d'un coup une rondelle de riz, d'algue et d'autres délices.

— Rencontresportive.com! Tu devrais essayer. Les gens y vont aussi pour trouver un partenaire de randonnée, de kayak ou de ski de fond. Ça fait moins « marché d'humains ».

Evelyn est la troisième personne à me vanter les mérites de ce site en moins d'un mois. Plusieurs copains de vélo ne jurent que par ça. Ils y ont fait des rencontres GÉ-NI-A-LES bien que généralement sans lendemain. L'un d'eux file le parfait bonheur depuis qu'il y a découvert l'âme sœur. Les deux sont sportifs de catégorie intermédiaire en ski de fond et en ski alpin, débutants en randonnée pédestre et experts en vélo de route. N'est-ce pas tout à fait formi-formidable même si leur degré d'expertise diffère en canot et en patin sur glace ? Et dire qu'ils habitent à quelques kilomètres de distance, en Estrie, depuis quinze ans. Sans l'aide du site de rencontres, ils ne seraient peut-être jamais tombés l'un sur l'autre. Littéralement.

— Je pourrais jeter un coup d'œil, mais je reste sceptique. J'ai une personnalité, disons… difficile à assortir. Je sais qu'il existe un homme pour moi quelque part sur cette planète, sauf qu'il se cache sûrement en Afrique ou en Indonésie. Personnellement, je ne miserais pas trop sur ce site.

Evelyn pose sur moi un regard empreint de tant de commisération que j'ai soudain l'impression de rater totalement ma vie et de faire horriblement pitié, alors qu'en arrivant à notre rendez-vous, je me sentais plutôt satisfaite de mon existence malgré le récent désastre amoureux immobilier.

Mon éditrice flotte sur un nuage. Un sourire presque divin ourle ses lèvres lorsqu'elle lâche :

— Je suis enceinte. On se marie.

Ayoye ! On ne parle plus d'un simple site Internet mais d'une machine à miracles. Jamais je n'aurais cru qu'un jour Evelyn, la femme forte, affirmée, belle, intelligente, indépendante, autonome, extraordinairement compétente dans son rôle d'éditrice, délicieusement ironique alors qu'elle navigue souverainement dans la vie, flipperait pour un candidat échoué sur un réseau de rencontres. Et qu'elle m'annoncerait comme elle le fait aujourd'hui qu'elle prend un congé de longueur indéterminée pour vivre le grand amour et pondre un bébé.

L'hiver est revenu en force. Le mercure frôle moins quinze. En quittant le restaurant, je décide quand même de marcher du centre-ville jusque chez moi, histoire de décanter un peu ce que je viens d'entendre et de me demander si je ne devrais peut-être pas quand même…

Les dernières paroles d'Evelyn roulent en boucle dans ma tête.

— Ça fait quoi… sept ans que tu as quitté ton mari ? Et deux ans que le seul mâle de ton existence a la taille d'un écureuil ? Ce n'est pas parce que tu as vécu quelques déceptions qu'il faut abandonner. Et ce n'est pas en écrivant, seule entre quatre murs, avec quelques sorties dans une école primaire ou secondaire de temps en temps, que tu risques de trouver un compagnon de rêve. Tes histoires d'Afrique et d'Indonésie, c'est de la bouillie pour les chats. Ton homme existe et il vit peut-être tout près de toi.

Arrivée à la hauteur du parc Jeanne-Mance, ma décision est prise. Je m'inscris. À mon tour de vivre le grand amour. Attachez vos tuques, je pars à la conquête de l'homme de ma vie.

En poussant la porte de mon deux cents mètres carrés avec vue sur les pompes à essence, la sonnerie du cellulaire laissé sur la table de cuisine résonne… une dernière fois. L'appel raté vient de Rock. Pas de message.

Je décide de battre le fer pendant qu'il est chaud. Rencontresportive.com, *here I come*. Quelques minutes plus tard, j'ai l'impression de me promener dans un Costco géant rempli de célibataires sportifs. Mieux : la fiche d'un nombre appréciable d'entre eux épouse parfaitement mon profil athlétique. Avec des petits clins d'œil rigolos en prime. Comme Jacques qui se dit expert en… *crazy carpet*. Mignon, non ?

Une heure plus tard, je découvre qu'ils sont des dizaines à répéter cette blague et que la vaste majorité des candidats empruntent les mêmes mots et formules. Ils cherchent tous une compagne « parce que la vie est plus agréable à deux » et énumèrent comme si c'était une liste d'épicerie les activités qu'ils souhaitent partager. Le canot y remplace les cornichons et les sorties au restaurant le déodorant. Plusieurs terminent leur laïus avec une promesse coquine à saveur mi-romantique, mi-érotique. Rien de très convaincant à mes yeux trop critiques.

Détail inquiétant, la majorité de ces hommes disent d'eux qu'ils sont « une personne simple », comme si c'était un gage de succès dans les relations de couple ou que la complexité était une maladie et peut-être bien que la profondeur aussi. Enfin, un nombre remarquable de candidats prennent la peine de préciser qu'ils ont un « passé réglé » ce qui me semble encore davantage troublant. Comme s'ils se vantaient de pouvoir balayer du revers de la main un grand pan de leur existence désormais désuet.

N'empêche. Dans le vaste firmament pas toujours étincelant des rencontres possibles se glissent malgré tout les fiches de marcopolo49, aimelavie et oceanbleu2 dont les profils m'inspirent. Trois amateurs de plein air comme moi, d'un âge tout à fait compatible, pas laids du tout et vivant dans un rayon de moins de cent kilomètres. Le sourire craquant d'oceanbleu2, l'allure de marcopolo49 sur son vélo tout carbone et cette photo touchante d'aime-lavie, l'œil brillant, les épaules larges, photographié avec des bûches plein les bras devant sa maison de campagne m'insufflent le courage et la patience nécessaires pour compléter la fiche d'inscription. En secret, je me félicite d'avoir ciblé des candidats qui ne sont pas affublés de noms trop pathétiques. J'aurais peut-être honte de craquer pour jellorouge, hercule51 ou fruitloop03.

Il fait presque nuit lorsque j'éteins mon ordinateur. Au même instant, le téléphone sonne. À croire qu'il m'espionnait.

— Comment te sens-tu?

Ces quatre mots ne me permettent pas de reconnaître immédiatement mon interlocuteur.

— Youhou… En as-tu fumé du bon, cou'donc?

— Rock!

— Ouin. Réponds-moi: comment te sens-tu?

— Bien…

— Tu ne penses pas mourir dans les prochaines quarante-huit heures?

Il est fou ou quoi?!

— Ce n'était pas dans mes intentions.

— Tant mieux parce que j'ai pas envie d'être pris avec un chalet que j'ai jamais vu.

Des rouages se mettent en branle dans ma cervelle.

— Tu… tu… tu as…

— C'est ça. Bingo! La transaction est finalisée. Tu es l'heureuse propriétaire d'un chalet que j'ai acheté sans l'avoir visité. Ça fait que meurs pas cette nuit, OK? Il faut qu'on passe chez le notaire avant. J'ai pas de temps libre demain, mais on pourrait y aller jeudi. T'as les fonds, hein? J'espère!

Pendant que je parlais à Rock, le gars avec des bûches plein les bras a répondu à mon courriel. J'avais écrit: «Fille pas simple avec passé non réglé ouverte à une rencontre». Candidat numéro un me renvoie: «Merci de votre intérêt. Je ne crois malheureusement pas que nous sommes compatibles. Bon succès dans vos recherches.»

Timothée m'observe, assis sur la table de travail à côté de mon ordinateur, entre la souris et le clavier.

— Tu sais quoi? T'auras pas de compétition prochainement, mon homme. Pis ça me dérange pas une miette parce qu'on a un… chalet!!!! Yaououou!

J'attrape ma petite bête et l'entraîne avec moi dans une de ces valses improvisées auxquelles il s'est habitué. Tim ouvre quand même les yeux bien grands, surpris par la puissance de mon emballement. Pour continuer de célébrer, je me sers un gros dé à coudre de Lagavulin, mon scotch préféré, et j'offre à ma boulette poilue le nec plus ultra : une croquette de foie en forme de cœur.

— T'as fait inspecter avant d'acheter, hein, maman ?

Et moi qui pensais m'en tirer sans devoir répondre à cette damnée question. Je concentre toute mon attention sur les champignons brunissant dans le poêlon comme si la survie de la planète dépendait de leur cuisson.

— Maaaaman…, insiste fiston numéro deux.

— Non, chéri. Il n'y a pas eu d'inspection. Ça… ça s'est fait trop vite. Tout le monde le voulait, ce chalet. Parfois, dans la vie, il faut plonger. C'est ce que j'ai fait.

— Parfois, dans la vie, on peut se noyer ou se péter la tête au fond, rétorque fiston.

Je m'en serais mieux tirée s'il n'avait pas ajouté ce regard-qui-tue emprunté à son père. Ses grands yeux bleus me transpercent. J'ai l'impression d'avoir trois ans et d'être prise en flagrant délit de pipi au lit.

— Tu veux la vérité ? Je n'ai pas fait inspecter mon pauvre petit chalet parce qu'il n'aurait pas passé l'inspection. Un bord de l'eau pas cher, ça ne peut pas être neuf. Les murs tiennent depuis soixante-quinze ans. S'ils avaient eu à tomber, ils l'auraient fait avant, non ?

Pour toute réponse, l'homme que j'ai mis au monde lève les yeux au ciel, visiblement peu épaté par mon raisonnement.

Nicole m'avait prévenue pour les algues. Pendant la valse d'offres et de contre-offres, elle avait porté à mon attention un article du journal local dressant la liste des lacs de la région infestés par le myriophylle, une plante aquatique qui se répand à la vitesse du pissenlit. Mon petit lac figurait au palmarès. La nouvelle avait temporairement refroidi mes ardeurs amoureuses jusqu'à ce que j'apprenne que la majorité des plans d'eau au Québec souffraient de la même maladie. Et qu'alors que les algues bleues, qui ne sont pas des algues mais des cyanobactéries, nuisent à la santé, les herbes vertes se contentent de vous chatouiller les mollets.

J'ai appris de surcroît, juste avant la traditionnelle séance chez le notaire, que mon minuscule bord de l'eau, les trois mètres entre le mur de façade et le lac, ne m'appartenait pas. Le propriétaire du lac s'est gardé des bouts de terrain un peu partout autour du plan d'eau. La moitié des riverains étant de la même famille, il voulait s'assurer que tout ce beau monde pourrait éternellement se visiter à cœur joie sans être accusé de fouler le sol d'une propriété privée.

En apprenant la nouvelle, j'ai quand même eu quelques sueurs froides.

— C'est pas grave, m'a rassurée Dgépi, un copain en or, ingénieur de métier passionné par le droit. Anciennement, tous les propriétaires de lac procédaient ainsi. Dans les faits, personne peut toucher à la bande riveraine. Alors on se fout bien d'à qui ça appartient.

L'argument m'a semblé béton. Le statut des berges étant dorénavant très sévèrement réglementé, il est même interdit d'y tondre la pelouse. Je venais d'acheter un chalet quasiment construit sur l'eau, une vraie rareté, et pour une bouchée de pain considérant le marché. Une aubaine. Un rêve. Malgré les algues vertes et le petit bout de devanture appartenant encore au grand seigneur du lac.

La visite chez le notaire a duré dix minutes. Ayant déjà magasiné l'hypothèque à l'époque de Nicole, j'ai pu remettre un chèque à Rock. On s'est promis de célébrer la transaction dans les prochaines semaines.

— J'irai voir ce que j'avais acheté! a lancé mon ami en partant d'un grand rire. D'ici là, amuse-toi bien, maintenant que tu as les clés.

Les clés de mon chalet-bateau! J'éprouvais cette excitation savoureuse qui m'envahit chaque fois que j'entame l'écriture d'un livre. Cette fois, j'en étais l'héroïne. Le chalet de la rue cachée marquait le commencement d'un nouveau tome dans la petite histoire de ma vie.

À cette étape, toutefois, je ne pouvais prédire le genre littéraire. Roman d'amour, d'humour, de mœurs ou d'horreur?

ej

J'ai fait l'acquisition d'un porte-clés presque mignon dans un chic Dollarama, bien décidée, suite à ma méga dépense immobilière, à être sage et économe pendant les mois et les années à venir, sinon jusqu'à la fin de mes jours. Mon ex-mari a souvent dénoncé le caractère dérisoire de mes brusques et très passagères conversions au cours desquelles je comptais les sous. Ce n'est pas en achetant des boîtes de petits pois au rabais qu'on équilibre un budget, aimait-il répéter. Avec raison, j'en conviens. Mais cette vérité ne m'a jamais empêchée d'éprouver un délicieux sentiment de satisfaction en épargnant sur de menus achats après m'être rendue coupable d'une grosse dépense.

À mon arrivée, clés en main, le ciel est en furie. Il tombe des cordes sur ma pauvre petite maison, qui semble avoir été déposée sur un nuage tant le brouillard est dense. Disparus le lac, le soleil, les arbres. Une immense boîte contenant une causeuse d'un superbe rouge framboise attrapée dans un solde de 60 % m'attend à quinze mètres de la porte d'entrée.

Me voilà saisie d'un petit frisson d'effroi. L'ampleur des défis qui risquent de perturber ma vie de femme-sans-chum-ni-mari-propriétaire-d'un-chalet m'atteint tout à coup.

— N'oublie pas que tu es seule, ma belle, avait laissé tomber Mishe, la nouvelle blonde de Bob, quelques semaines plus tôt.

C'était dit sans malice, avec cette candeur empreinte de sagesse et d'authenticité qui me fait adorer cette femme. Mishe a accompli de multiples exploits au cours de son existence un brin plus longue que la mienne qui l'a menée jusque dans le nord du nord de l'Alberta où elle s'est promenée en cantine mobile, vendant des Caramilk et des Oh Henry! aux travailleurs des mines, pour subvenir aux besoins de sa famille.

— On n'est pas tous les jours ni toutes les heures dans votre coin, m'avait expliqué la directrice des livraisons du marchand de meubles avec l'air de sous-entendre que mon coin n'était pas un haut lieu de la décoration.

En gros, je devais accepter que mon canapé arrive en mon absence ou attendre deux semaines de plus. Ayant très envie d'inaugurer ma petite maison dans un décor rouge framboise, j'ai insisté pour que l'activité se déroule sans moi. Un meuble peut bien se garder tout seul pendant quelques heures, non ? La pluie ne faisait pas partie du scénario et je n'avais pas imaginé que les livreurs auraient le culot d'abandonner le mastodonte aussi loin de la porte d'entrée. Par ailleurs, je comptais sur Bob pour m'aider à transporter la causeuse à l'intérieur, mais il a dû se désister pour cause de réunion urgente à Montréal.

— Je peux passer tard ce soir ou demain matin, sans faute, a-t-il quand même offert.

Je *sais* que je pourrais l'attendre. Le beau tissu rouge est protégé par une épaisse pellicule plastique sous le carton. Mais en découvrant la boîte abandonnée sous l'orage, une étrange fureur s'empare de moi. Je déteste me sentir aussi tristement dépendante d'autrui. Mon statut de célibataire propriétaire de chalet me semble soudain dangereusement inquiétant. Il faut que j'apprenne à me débrouiller et donc que je trouve une façon, quelle qu'elle soit, pour déplacer ce meuble seule.

Par chance, la neige n'a pas encore fondu. Au bout d'une heure, en sueur et haletante sous la pluie froide, c'est fait. J'ai réussi de peine et de misère à insérer un vieux tapis sous le carton, à tirer sur la cargaison en faisant glisser le tapis sur la neige, à atteindre la porte d'entrée du même rouge que ma causeuse (n'est-ce pas adorable ?), à extirper de ma poche le porte-clés neuf (que je déclare franchement laid), à introduire la clé dans la serrure et à entrer dans mon nouveau chez-moi avec le fameux fardeau.

J'ouvre les lumières et… fiou ! je reconnais le chalet dont je suis tombée amoureuse. J'avais toutefois oublié que le plancher en contre-plaqué est peint brun caca d'oie et que les meubles vendus avec la maison ne gagneraient vraiment pas un concours de décoration. Je constate aussi que les murs sont infestés de clous laissés par les tableaux, tablettes et autres accessoires, mais sinon, c'est pareil. Le charme opère toujours. Et si j'ai pu transporter le mautadit divan seule, je devrais réussir à peindre et à aménager les lieux sans trop de difficulté, non ?

C'est au cours des heures suivantes, en ce tout premier soir, que j'ai trouvé un nom pour ma petite maison. Blottie dans la causeuse, le regard tourné vers le lac à peine identifiable sous le ciel de tempête, j'écoute les gémissements des planches de bois qui semblent se tordre sous les assauts du vent, les protestations des fenêtres alors que les vitres menacent d'éclater sous la pression, et les longs craquements sourds venus du toit cruellement malmené par ce gros temps. J'ai beau me répéter que mon refuge se tient bravement debout depuis sept décennies, il me semble qu'à tout moment, le toit va s'effondrer, les murs tomber, les fenêtres exploser. Un nom s'impose alors : la maison des petits cochons. Celle du conte *Les trois petits cochons*, la deuxième plus précisément, qui est en bois et qui dans l'histoire s'écroule, comme sa petite sœur en paille, lorsque le loup souffle trop fort.

Les loups n'attaquent qu'au cinéma. Ou dans les livres pour enfants. Tout le monde sait ça. Je me le répète sur un ton très affirmatif, mais dans mon cœur le doute sévit. Et pourtant, curieusement, j'éprouve une certaine euphorie. Je me revois tirant la grosse boîte sur la neige et j'ai soudain la certitude que ce petit chalet et moi étions faits pour nous rencontrer. En ces premières heures de compagnonnage, alors que je le sens soumis à de dures épreuves avec cette pluie diluvienne et ces vents terrifiants, j'ai l'impression que c'est bien plus qu'un simple chalet. C'est mon allié, mon ami, mon alter ego, mon complice.

« Le site, le site et encore le site », aimait répéter le père de mes enfants, qui avait lu plusieurs livres sur l'art d'investir dans divers secteurs, dont l'immobilier. À mes yeux, le site arrive effectivement bon premier au palmarès, non pas des critères d'investissement, mais du bonheur qu'on éprouve à vivre quelque part. « As-tu besoin d'un cinq étoiles quand t'en as cinq milliards dans l'ciel », chante Richard Desjardins. Avec cette logique, mon petit chalet de la rue cachée prend des airs de palace. Les planchers sont en contre-plaqué, mais le chalet est quasiment planté dans l'eau, les berges sont joliment découpées et la nappe bleue semée d'îlots m'apparaît de taille idéale. Debout devant la fenêtre du salon, sous un pâle ciel de fin d'hiver, j'ai l'impression qu'en ouvrant bien grand les deux bras je pourrais étreindre mon lac. S'il était plus vaste, je n'y arriverais pas; plus petit, j'aurais de l'étreinte à revendre.

Le terrain dont j'ai pris possession est lilliputien. Un mince ruban de pelouse clairsemée entoure le bâtiment. Ce minuscule territoire me fait penser à Timothée. Ma grand-mère préférée aurait dit de mon quadrupède nain qu'il a du front tout le tour de la tête. De même, le carré de sol que j'ai acquis s'avance audacieusement dans l'eau, dépassant de plusieurs mètres les autres terrains. On me croirait propriétaire d'un territoire immense tant les chalets voisins sont invisibles de chez moi.

La relation des gens à une géographie particulière me fascine. Les attirances et les affinités, les frilosités et les incompatibilités entre un individu et un territoire sont aussi passionnantes que celles des humains entre eux. Il y a des gens qui éprouvent toute la misère du monde à trouver un endroit où ils se sentent bien, d'autres sont heureux d'accrocher leur chemise à peu près n'importe où. J'en connais qui tombent amoureux à rien, d'autres qui y mettent toute une vie. La sensibilité et la perméabilité de chacun à son environnement, humain ou autre, diffère énormément.

Pour écrire, j'ai absolument besoin de me construire un nid dans un lieu qui me correspond. J'ai longtemps secrètement envié ceux qui parviennent à écrire, aimer, vivre, travailler, enfanter, grandir, vieillir, mourir, danser, rire, chanter, pleurer n'importe où. Ce sont des tortues, capables de transporter leur maison avec eux. J'ai eu un beau-frère comme ça. Aussi citadin que campagnard, il a vécu dans le Grand Nord, au fin fond de l'Abitibi, au bord d'un lac en Estrie, dans un village perdu au Congo, dans une toute petite chambre louée rue Saint-Zotique, un trois et demie à Saskatoon, un condo de luxe au centre-ville de Montréal… Où qu'il soit, il trouve son compte. En prime, il se dit aussi heureux célibataire qu'en couple.

Je n'envie plus ces caméléons capables de se fondre dans n'importe quel espace. Ma sensibilité aux lieux me permet d'accueillir sans trace d'indifférence tous les panoramas du monde. Chaque fois que je voyage, c'est pour un paysage. Parachutée dans un territoire inconnu, je suis envahie par des émotions nouvelles, je découvre des facettes insoupçonnées de moi-même, j'ajoute quelques adjectifs à ce qui pourrait me définir et je poursuis ma quête fébrile de particules d'enchantement, ces instants de grâce où soudain, dans un lieu particulier, on a l'impression que notre être tout entier, corps, cœur, âme et esprit compris, se met à chanter.

Notre relation au territoire ressemble à une histoire d'amour. Qu'elle soit passionnée ou tiède, elle est nécessairement personnelle et mystérieuse. La simple présence physique de Paul, mon grand amour après le divorce, me chavirait. Or, personne autour de moi ne comprenait pourquoi. Mon amie Christiane, psychologue de profession, s'était permis de résumer un peu brutalement les faits :

— Il est même pas si beau. Il est compliqué comme ça se peut pas. Et en plus, il a un sale caractère.

Ce à quoi je ne pouvais offrir qu'une maigre réponse :

— Mais je l'aaaaiiiiimmme.

Mon frère aîné vit dans un champ. Carrément. Il adore ça. C'était le rêve de sa vie. Se construire loin de tout le monde dans un paysage « reposant ». C'est le mot qu'il utilise. Chez lui, où qu'on regarde, nord, sud, est, ouest, c'est pareil. Un tapis de végétation à perte de vue et du ciel. C'est beau. Vraiment. Mais je ne pourrais jamais vivre là. Je m'y sens nue et perdue. C'est trop zen, trop dépouillé, trop ouvert, trop vide, trop tranquille. Je serais plus heureuse dans un tipi au bord d'un ruisseau que dans la belle maison de mon frère plantée dans un désert végétal sous un ciel trop vaste.

J'ai eu la révélation de la nature profondément intime de nos relations au territoire lors d'une randonnée pédestre dans les Carpates en Roumanie. Un voyage acheté à la dernière minute, à quelques jours du départ, dont le principal objectif était de m'éloigner de Paul après une énième rupture douloureuse. Mon rythme de marche s'accordant à celui d'un autre Dominique, un beau jeune homme qui aurait pu être mon fils, nous avons pris l'habitude de marcher côte à côte ou l'un derrière l'autre au gré des sentiers. En fin de voyage, après trois jours en altitude à courir sur les crêtes, j'ai éprouvé une infinie tristesse au moment de quitter ces magnifiques sommets. Juste avant de pénétrer dans la forêt, après une longue marche en descente, je me suis arrêtée pour admirer une dernière fois les montagnes.

— C'est triste, hein?

— Quoi? a demandé mon compagnon, surpris.

— Je suis toujours triste au moment de redescendre. On se sent tellement mieux et tout est tellement plus beau en altitude. Si je pouvais, j'y resterais toujours.

L'autre Dominique a souri gentiment sans rien dire.

— Toi... ça te fait ça aussi, hein?

— Pas du tout, a-t-il répondu. J'adore grimper une montagne, mais mon meilleur moment à moi, c'est maintenant. Quand on retourne dans la forêt, bien à l'abri sous les arbres.

— Mais… avoue quand même que c'est plus beau en haut…

— C'est très beau… mais trop vaste. Trop vide. Et puis, l'odeur d'une forêt… il y a rien de meilleur.

Cet échange a révolutionné mon existence. J'étais persuadée que tout le monde pensait comme moi : entre une base et un sommet, on ne pouvait à mes yeux opter pour autre chose que le sommet. Ce que je croyais universel ne l'était tout simplement pas. J'ai compris le caractère intime de notre perception des lieux et de notre relation au territoire. Et quelque part dans ma petite tête, j'en ai profité pour mieux apprécier combien les humains sont aussi étonnants que profondément différents.

Cette révélation m'aide à comprendre mon adhésion si soudaine au minuscule domaine planté d'un vieux chalet tout au bout de la rue si bien cachée. Les coups de foudre sont souvent inexplicables. Mais quand j'y songe, je crois que dès le premier coup d'œil, de manière intuitive, j'ai senti que c'était dans ce lieu précis que je devais vivre. Pour un temps en tous cas. Que c'était là, et nulle part ailleurs, que la petite aventure de ma vie devait se poursuivre. Là que mes joies et mes peines à venir seraient le mieux accueillies. Comme si je devinais que, pour traverser ce qui m'attendait, j'avais absolument besoin d'un nid.

Le ciel s'est calmé pendant que je dormais. Et Timothée a fini par s'assoupir après avoir passé une bonne partie de sa première nuit dans la maison des petits cochons à tenter de dévorer tous les murs, dans l'espoir d'atteindre la colonie de mulots installés derrière. Critch cratch wouf wouf critch cratch. À mes oreilles, le tapage s'est peu à peu transformé en berceuse tellement j'étais crevée.

Les lueurs de l'aube m'ont réveillée. À demi redressée dans mon lit, encore enfoncée dans ce doux état entre veille et sommeil, j'ai admiré le ciel changeant, bariolé de bleu poudre, d'orange tango et d'or éclatant sur fond rose cendré, jusqu'à ce que mes paupières cèdent et que je glisse à nouveau dans un engourdissement délicieux. Au petit matin, le soleil s'est fait si insistant qu'il m'a semblé impoli de le bouder plus longtemps. Pieds nus sur le plancher glacé, j'ai trotté hors de ma chambre jaune serin pour découvrir la maison des petits cochons inondée de lumière. Mon vieux chalet avait des airs de paradis.

Il ne manque qu'un bon feu de bois. Vite ! Une bûche. J'ouvre la porte arrière près de laquelle l'ancien propriétaire a abandonné les restes d'une corde de bois que j'ai dû acheter à prix fort même si, de l'avis de Bob, le vieux radin aurait dû me les donner. Ceci dit, la remarque trahit quand même la position de Robert, selon qui mon achat constitue une bien mauvaise affaire, la visite du sous-sol n'étant toujours pas digérée. La porte rouspète un peu mais accepte finalement de s'ouvrir, j'attrape trois morceaux de bois plus pourris qu'humides et tente de refermer le battant, qui malheureusement refuse de faire ce que je lui réclame. La lumière du soleil est trop vivifiante pour que je m'impatiente, tout va encore bien. Je pousse fermement. Rien à faire : la porte reste ouverte. J'y vais d'un puissant coup d'épaule. Peine perdue. Je me fâche carrément et je me projette énergiquement contre le panneau en imitant les policiers qui défoncent tout pour entrer chez les criminels dans les téléséries. Timothée jappe à pleine gorge, mon problème n'est pas réglé et j'ai l'épaule en bouillie.

J'ai très beaucoup envie de laisser cette maudite porte ouverte, tant pis, le temps de me préparer un bon café que je pourrais déguster en admirant le ciel changeant. Le malheur, c'est qu'on a beau être en avril, il fait froid comme en hiver. J'examine le cadrage. On dirait que le panneau d'acier ne peut physiquement s'insérer dans l'ouverture qui lui est destinée. Les deux morceaux de casse-tête ne s'emboîtent pas. Et comme par hasard, le papier peint recouvrant le mur juste au-dessus de la moulure est bombé et craquelé, signe d'un problème certain. De plus, le cadre accueillant la porte n'épouse vraiment pas des lignes droites. Un titan a dû être recruté pour la refermer avant l'hiver.

Que faire ? Cette entrée donne sur un vestibule servant de garde-robe qui fait trois mètres sur un peu plus d'un mètre. J'appuie mon dos contre le mur devant, je prends une grande inspiration et je projette mes jambes violemment sur la porte en poussant de toutes mes forces. Le panneau s'enfonce partiellement dans l'ouverture en produisant un concert de craquements. On peut encore voir le jour entre le cadre et le battant et bien sûr le pêne de la serrure refuse catégoriquement d'entrer dans la gâche. Au diable ! J'entasse rapidement tout ce que je peux trouver de lourd en échafaudant une pyramide de fortune devant la porte afin d'empêcher le vent de l'ouvrir et je me sauve dans la cuisine.

Ouf ! C'est fini. Et pour ne pas ruiner la journée, on n'y pense plus.

Avec Rock, c'est tout ou rien. Il s'amène le lendemain les bras chargés de deux douzaines de mes roses préférées, celles d'un corail très pâle, un peu délavé, qu'on dit rose-thé. J'adore les fleurs. Et j'adore les surprises. Il pleut à nouveau à boire debout, mais j'ai le cœur en fête. Surtout que, depuis l'épisode de la porte, la maison des petits cochons ne m'a plus fait faux bond.

L'homme entre, le visage éclairé d'un large sourire bon enfant, le même qui m'avait séduite il y a plusieurs années. Le sourire fond toutefois sitôt la porte refermée derrière lui. Avec sa délicatesse proverbiale, Rock lâche :

— C'est *ça* ?

Silence.

L'ami me dévisage sans pitié, scrutant mon regard au passage comme s'il espérait y trouver la clé d'une énigme. Il est sidéré.

— Tu… c'est… euh… comme tu voulais?

Son regard m'abandonne pour inspecter l'espace autour de nous, soit la cuisine-salon-salle à dîner de la maison des petits cochons. Si, au moins, il jouait la comédie. Mais non! Rock a l'air extrêmement déçu sinon profondément découragé.

— C'est fait en carton, la puce! Tu le vois, non? T'as payé trop cher. Merde! Je m'en veux quasiment de t'avoir aidée!

Je m'empare brusquement de l'immense bouquet qui sent bon le ciel et les petits oiseaux en grognant ce qui ressemble à peine à un remerciement.

Message reçu. Rock se radoucit.

— Je voulais pas t'insulter… mais… bon… les goûts, ça se discute pas, hein? Si toi, t'es contente, tant mieux.

Depuis la visite de Rock, j'ai appris à m'amuser des réactions de mes visiteurs. Rares sont ceux qui restent indifférents. La maison des petits cochons arrache des oh! et des ah! d'admiration ou des commentaires extrêmement négatifs pour ne pas dire franchement désobligeants. C'est comme si la petite vlimeuse s'amusait à partager les humains en deux catégories: ceux qui sont sensibles à son charme et ceux qui n'en perçoivent pas la moindre trace, même à la loupe.

J'ai souvent flirté avec l'envie d'utiliser les petits cochons afin d'évaluer les compagnons potentiels dénichés sur le site de rencontres, mais en finissant toujours par repousser l'idée. Même si l'efficacité du test pour déceler le caractère des gens me semble remplie de promesses, la maison des petits cochons est rapidement devenue un refuge trop intime, trop unique, trop précieux – malgré tout ! –, pour y admettre des étrangers. J'ai donc pris l'habitude de donner rendez-vous aux candidats dans l'un de ces trois lieux à proximité : la piste cyclable avec accès à des sentiers de randonnée, une excellente façon de vérifier si le prétendant est aussi en forme qu'il l'affirme, le Café Bistro, un endroit sympathique pour bavarder devant un délicieux café au lait, et Chez Julien, une bonne table où l'ambiance feutrée encourage les confidences, cette troisième option étant toutefois réservée aux recrues affichant un carnet de route impeccable et un profil exceptionnellement prometteur.

Christiane s'étant improvisée coach de mes rencontres sportives, j'ai eu droit à une mise en garde :

— Passer deux heures assise devant un gars qui te tape royalement sur les nerfs, c'est pas jojo. Alors fais tes devoirs, ma chérie, avant d'accepter un rendez-vous.

Une autre amie a renchéri :

— Dis-toi qu'en moyenne tu devrais correspondre avec dix candidats plus ou moins totons avant d'en trouver un bon.

Et attention ! « Bon » n'est ici rien de plus qu'une note de passage. Je retiens que l'échange de courriels constitue la première et plus importante technique d'élagage. La conversation téléphonique vient en deuxième, suivie du rendez-vous – dans un lieu public, neutre, avec une excuse sous la main pour quitter en vitesse si nécessaire. Ça me fait vaguement penser aux premier, deuxième et troisième buts des rendez-vous amoureux de mon adolescence. Premier but, on se prenait la main, deuxième but, on s'embrassait, langue et tout, troisième but, tout devenait possible, à condition de ne jamais « faire la chose ». Dans mon patelin, du moins...

Je gagne ma vie en écrivant depuis l'âge de seize ans. Ça devrait constituer un atout quand vient le temps des correspondances par courriels, non ? Pantoute ! J'ai vite découvert que je déteste ce mode d'échange. Et qu'en prime, je suis nulle. Peut-être parce que je sais trop bien que n'importe qui peut écrire absolument n'importe quoi, ce qui me démotive. Je connais une fille qui a correspondu pendant deux semaines avec un prétendant sous l'identité d'une amie commune. Cette dernière a pris le relais au premier rendez-vous téléphonique. Depuis, elle file le presque parfait bonheur avec son amoureux, qui ne sait toujours rien de l'opération Cyrano. Ça me rappelle un des bons coups de fiston numéro deux, le plus snoreau de mes trois enfants. Ayant remarqué que son professeur de français en deuxième secondaire appréciait l'enflure verbale et le vocabulaire recherché, il avait appris à écrire les fameux textes créatifs obligatoires de la manière la plus complaisante possible, décrochant ainsi des notes très enviables. Tellement qu'il s'est mis à vendre ses poèmes et autres écrits à des camarades de classe. En travaillant un peu sur les variantes de style, histoire de camoufler sa signature, mon adorable délinquant s'est attiré, de janvier à juin, des clients satisfaits et un professeur de plus en plus ébloui par sa propre pédagogie.

Après quelques jours à naviguer sur un site de rencontres, voilà-ti-pas que je me découvre en mal criant d'amour. Tous mes vieux fantasmes remontent à la surface, propulsés par des idéaux géants et de fabuleuses envies de complicité, de sexe et de tendresse. J'oublie les drames passés, ma grande histoire d'amour surtout, la plus ardente et la plus ravageuse, et je me surprends à croire encore à l'homme idéal, le prince charmant, l'âme sœur ou, plutôt, le frère de cœur. Le hic, c'est qu'il est hors de question, pour moi, d'avoir recours à la technique Cyrano et que je suis désespérément peu douée dans les préliminaires : la rédaction d'une fiche accrocheuse, de courriels d'invitation séduisants et de réponses flatteuses aux propositions reçues. Mon incompétence a pour effet de diriger vers moi un nombre affolant d'hommes désespérés qui, après avoir sans doute échangé avec toutes les femmes inscrites sur le site, se rabattent sur myosotis (moi !). Je parviens malgré tout à retenir l'attention de quelques candidats apparemment intéressants qui ne se laissent pas décourager par mes deux tares : l'incapacité de me prêter au jeu de la séduction en roucoulant sur papier et l'absence de photo pour motifs professionnels (je n'ai pas envie qu'au prochain salon du livre, tarzan43 vienne me rappeler que c'est lui, l'ex-champion de badminton qui s'entraîne pour un marathon et habite à Rawdon).

— T'as pas l'air de comprendre, chérie! s'insurge Christiane. En refusant d'afficher une photo, c'est comme si tu criais à tue-tête: je suis grosse et laide. À moins d'être complètement débile, il n'y a pas un gars qui va t'écrire.

— Pas de problème, je n'ai qu'à faire les premiers pas. De toute façon, c'est moi qui sais avec qui j'ai le goût de correspondre, non?

— On en reparlera.

Le prénom d'oceanbleu2 me déçoit: Gérard. Nous avons rendez-vous près de la piste cyclable du P'tit Train du Nord, à la hauteur de Val-David, non loin d'où il habite. Même en improvisant des détours, j'arrive avant lui. Mon père nous a tellement martelé l'importance de la ponctualité que je suis incapable de jouer le jeu du retard planifié pour faire l'indépendante ou me donner un petit air délicieusement frivole. Après avoir échangé une demi-douzaine de courriels épuisants, j'ai réclamé une conversation téléphonique avec Gérard, et l'homme a passé l'épreuve haut la main. Me voilà donc à l'attendre dans un stationnement boueux à trois cents mètres du point de départ d'un sentier de randonnée pédestre. J'en profite pour récapituler ce que j'ai appris:

— Il a un an de plus que moi (c'est excellent; je n'ai jamais été attirée par les hommes qui semblent à peine plus vieux que mes rejetons);

— Il est travailleur autonome spécialisé dans les «améliorations résidentielles» (l'expression est mignonne, non? Et même si j'ai honte d'y songer, je sais que la maison des petits cochons serait honorée de le rencontrer);

— Il aime la campagne mais ne peut se passer de la ville (tout comme moi!);

— Il possède une maison en forêt près de Val-David et un pied-à-terre dans le Mile End (tout près du condo que je n'ai pas encore délaissé);

— Il n'a pas d'enfants, mais aurait adoré en avoir s'il avait trouvé la bonne partenaire (c'est con sauf que ces phrases faciles me font encore un effet bœuf);

— Il a vécu plusieurs longues relations et est resté très ami avec ses ex (après mon divorce difficile, ces confidences sont musique à mes oreilles);

— Il pratique tous les sports de plein air depuis presque toujours (et ne fait pas de farces plates sur le *crazy carpet*);

— Il est franchement beau sur sa photo;

— Il m'a complimentée après avoir reçu la mienne (photo), un envoi réservé aux candidats ayant franchi avec succès le cap des trois courriels.

Un gros camion rouge un peu cabossé s'immobilise près de ma voiture. Gérard porte un jean qui lui va à ravir, des bottes de randonnée qui ont du kilométrage, ce qui augure bien, et un manteau sport vert forêt de Mountain Equipment Co-op assorti à ses yeux. Son regard brille, ses lèvres sourient. Il marche d'un pas décidé jusqu'à moi, m'embrasse spontanément sur les deux joues – smack smack – sans excès de familiarité, avec une certaine douceur ou peut-être même un peu de tendresse dans cette façon de tenir mes épaules en m'approchant gentiment de lui. J'allume d'urgence la petite voix dans ma tête chargée de me ramener sur terre parce que sinon, dans quelques secondes, je vais m'imaginer en voyage de noces ou au lit avec lui.

— J'en reviens pas! Tu ressembles à ta photo! s'exclame-t-il.

Je souris bêtement, sans comprendre, déjà triste de devoir peut-être admettre que Gérard est un tantinet dérangé.

— Honnêtement, c'est ma première fois, confie-t-il.

Ah bon. Je vois! Chouette alors. Il est, comme moi, néophyte dans ce type de rendez-vous.

— Toutes les filles que j'ai rencontrées étaient pas mal plus belles en photo. Même qu'il y en a qui ne se ressemblaient pas du tout. Toi, oui. Bravo!

Il part d'un grand rire pendant que je remise mes prétentions romantiques. J'ai beau me dire que ça pourrait passer pour un compliment, je me sens comme la dixième paire de chaussures sur une tablette poussiéreuse au fond d'une boutique.

Trois heures plus tard, après une longue marche en montagne, Gérard pose sur moi son beau regard pétillant et m'attire vers lui pour m'embrasser, pressant doucement mes lèvres, sans trop insister, de manière parfaitement suave. L'homme sait s'y prendre.

— Tu veux bien qu'on se revoie? demande-t-il.

Je souris en hochant la tête parce que je ne sais pas trop comment répondre autrement.

À quel moment exactement ai-je compris que je ne partagerais jamais une nuit ou un repas ou même une autre marche en forêt avec Gérard? Est-ce lorsqu'il s'est mis à parler de Nadine, sa dernière conquête? À la fin de son exposé sur cette ex-copine agente de bord qu'il soupçonne d'avoir eu un amant dans chaque hôtel d'aéroport où elle posait les pieds, je me rappelle avoir songé: si Nadine était aussi épouvantablement bipolaire, menteuse, tricheuse et égoïste que Gérard le prétend, n'est-il pas un peu surprenant qu'il l'ait fréquentée aussi longtemps?

Non... Je me souviens maintenant. J'ai pris la décision lorsqu'il s'est mis à discourir sur Mélanie.

— Elle m'a quitté par jalousie, a-t-il confié au pied du mont King. Théo, son fils de huit ans, m'adorait! C'est pas pour me vanter, mais... franchement... j'avais plus le tour qu'elle avec son petit bonhomme.

OK. J'avoue que je suis un peu rapide et catégorique dans mes jugements, mais, à ma défense, Gérard m'a entretenue longuement de Mélanie. C'est l'ensemble des paroles qui m'a fait flipper même si le point de bascule est lié à ses propos sur le fils de son ex. Je gagerais une grosse somme que Gérard n'a pas de don particulier avec les enfants. Par ailleurs, Théo l'adorait peut-être réellement et pour de bonnes raisons. Mais le ton triomphant de l'homme m'a fait grincer des dents. Il est trop content de se vanter d'avoir remporté un concours de popularité contre son ex, cette jeune maman qui, en prime, doit compétitionner avec le papa. J'aurais pu dire à Gérard qu'à mes yeux, un bon parent n'agit pas pour être aimé de son enfant mais pour l'aider à grandir de la plus glorieuse manière qui soit, quitte à être temporairement perçu comme un gros méchant ou une vilaine sorcière. Si je ne l'ai pas fait, c'est parce que dans ma tête, à cette étape de notre rendez-vous, la parenthèse Gérard était déjà refermée.

Pour rendre ma déception face à oceanbleu2 moins amère, je fais jouer la musique à fond dans ma voiture et j'ouvre bien grand les fenêtres malgré le vent frisquet. «*Breathe in the air*», chante David Gilmour alors que je roule sur la 117 en hurlant les paroles avec lui. Au moment où Xavier Rudd prend la relève avec *Follow the Sun*, j'ai presque oublié mes fantasmes de vie de couple. La voix chaude du surfeur australien m'étreint pendant que les villages des Basses-Laurentides défilent jusqu'à ce que j'atteigne Saint-François, puis la route pentue menant au chemin Tour du lac et, enfin, la rue cachée. En apercevant la maison des petits cochons, mon cœur fait un bond. J'éprouve ce sentiment bienheureux d'arriver exactement là où je souhaite être. Là aussi où je devrais être.

Timothée m'accueille avec la même fougue que si je m'étais absentée plusieurs mois. Il saute, court, me

gratouille les jambes, sa mini queue s'agitant tel un métro-
nome battant frénétiquement la mesure. Le soleil s'apprête
à basculer dans le lac frangé d'eau libre depuis ce matin. Le
contraste entre ces deux surfaces, la lourde neige amollie
et l'eau noire frémissante, m'inspire et me semble porteur
de promesses. Au diable les prétendants, tous ces futurs
ex du monde ! L'heure est à la célébration. J'ouvre une
bouteille de Liano, le vin de mes consolations, et lève mon
verre aux mésanges et aux sittelles occupées à s'empiffrer
de graines de tournesol noir dans mes deux mangeoires.

— Timothée, que dirais-tu si on s'épousait ?

La bête penche légèrement la tête à droite, puis à
gauche, avec l'air de tout comprendre, avant de pousser
un bref jappement qui ressemble drôlement à un «oui»
bien senti.

Quoi qu'en pense mon ex-mari, il n'y a pas que le site pour déterminer la valeur d'un investissement immobilier. En deuxième position, j'inscrirais les gens. Les voisins d'abord, ces compagnons de vie qu'on n'a pas choisis. Ils constituent la boîte à surprises d'un déménagement et peuvent transformer un eldorado en désastre. On peut toujours faire enquête avant d'acheter ou de louer un certain nombre de mètres carrés sauf qu'un voisin, ça peut également déménager. Lorsque je me mets à jalouser les gens assez riches et célèbres pour s'acheter n'importe quel domaine, je me console un peu méchamment en songeant à un couple d'amis de mon ex-mari. Ils venaient d'accrocher les rideaux dans leur château au bord d'un lac digne du *National Geographic* lorsqu'ils ont découvert que leur voisin pilotait un hydravion décollant à toute heure du jour… et de la nuit.

Après les voisins, il y a les amis. Ceux qui contribuent à façonner l'âme d'un lieu en l'investissant de chaleur, de paroles, d'écoute, de fous rires et de douce folie. Petit sujet d'inquiétude: je ne connais pas une seule personne qui vive à Saint-François. Avant, il y avait Bob, mais il vient d'emménager chez Mishe deux villages plus loin. Me voici donc au troisième matin de ma nouvelle vie de *Dominique à la campagne* occupée à faire le tour de mes voisins. Nous sommes cinq à partager un chemin et un puits. J'ai déjà discuté trois fois avec Catherine, qui habite juste à côté de chez moi, une vieille fille de la pire espèce, une grande perche sèche, maigre comme un clou, raide comme un piquet. À chaque occasion, elle en a profité pour formuler une requête sans gaspiller une goutte de salive supplémentaire pour se prêter au jeu de la gentille voisine. À sa demande, je devrais déjà: décapiter mes beaux grands sapins parce qu'ils nuisent à son point de vue, attacher mon chien, qui aurait déposé une crotte sous son balcon (les excréments de Timothée ont la taille de ceux des écureuils, si bien que la culpabilité de mon chien n'est pas prouvée), et faire très attention en montant la côte de ne pas frôler sa pelouse avec les pneus de ma voiture. Armée de petits pots de violettes, je décide donc de me concentrer sur les trois autres résidences de la rue cachée.

Je commence par la voisine installée au bord du lac, de l'autre côté du terrain vacant qui servait jadis de plage publique. Elle ouvre une première porte en laissant la seconde, munie d'une moustiquaire, faire écran entre nous. Vague quarantaine, zéro sourire, ni grande, ni grosse. Son regard tombe sur les violettes. Elle inspecte tour à tour rapidement, au moins trois fois, le petit pot et mon petit moi, visiblement indécise quant à la marche à suivre.

Que dois-je dire? «Bonjour, je m'appelle Dominique, je suis votre nouvelle voisine et je me demandais si vous n'auriez pas envie de me souhaiter la bienvenue?»

— C'est moi… euh… la nouvelle…

— Je sais.

— Je voulais juste… euh… vous dire bonjour…

— Bonjour.

Oups. J'ai dû rater un chapitre du manuel sur l'art de converser parce que là, franchement, je suis bloquée.

— Ma sœur m'a parlé de vous.

J'ai sans doute des points d'interrogation plein les pupilles puisqu'elle ajoute :

— Catherine… qui habite juste à côté de chez vous… c'est ma sœur.

Ah bon. Ça promet. Par chance, le sourire soudain de la sœur ne semble pas forcé. Je me dis que notre relation jouit encore d'un certain potentiel. Mon interlocutrice est peut-être simplement réservée.

— Je peux vous laisser les violettes ?

Cette fois, elle semble sonnée. À tel point que mon initiative m'apparaît tout à coup saugrenue. Je reste plantée là, l'air patate, jusqu'à ce qu'une lumière jaillisse quelque part dans son cerveau et qu'elle ouvre gentiment la porte moustiquaire.

— Merci…, bredouille-t-elle en rougissant. Je m'appelle Monique.

Je lui tends le pot de violettes avant de tourner rapido les talons parce que je me sens soudain aussi peu à l'aise qu'elle. Mon absence de timidité est légendaire, parfois même catastrophique. Mais laissez-moi plus de quatre secondes seule avec un être humain un tant soit peu gêné et j'absorbe à la manière d'une éponge tout l'inconfort de mon vis-à-vis.

Ouf! C'est fini. Suite de l'opération je-découvre-mes-voisins: qui habite derrière chez Monique? Un concert d'aboiements ulcérés me fournit une partie de la réponse. Un molosse attaché à une niche rêve de me dévorer. De race indéterminée, le monstre semble assez puissant et furieux pour arracher la lourde chaîne qui le tient prisonnier. Heureusement, l'ancrage est solide et la chaîne trop courte pour qu'il me mange toute crue avant que j'atteigne l'entrée. Par la fenêtre de la lourde porte d'acier, je vois son maître avancer péniblement vers moi. Il pèse au moins cent cinquante kilos et semble fort mécontent d'avoir dû abandonner ce à quoi il était occupé.

— Je m'appelle Dominique, j'habite à côté, je voulais juste vous dire bonjour. Je m'excuse de vous avoir dérangé. Tenez… un petit bouquet. Vous pouvez le planter… ou le garder à l'intérieur.

Quelque part derrière l'homme, une femme crie:

— C'est la nouvelle voisine, Philippe. Ta sœur vient de téléphoner. Elle est passée chez elle avant.

L'homme rougit. Confus. Tend un bras pour recevoir le fameux pot qui semble ridiculement minuscule dans ses mains.

— Merci… C'est gentil… Vous reviendrez. On n'est pas sorteux.

Il éclate d'un rire nerveux alors que je m'éloigne.

Je pensais passer la matinée à faire la connaissance de mes voisins, mais au bout d'exactement huit minutes, il ne me reste plus qu'une porte où cogner. Je me dis que ça pourrait attendre au lendemain. J'ai peut-être été suffisamment sociable aujourd'hui. En même temps, je préférerais terminer la virée sur une note différente. J'en suis presque à me demander si j'ai vraiment le droit d'habiter ici puisque je n'ai aucun lien de parenté avec eux.

Alors que les maisons de la rue cachée appartenant aux membres de la même famille semblent se satisfaire d'être solidement construites, celle qui est plantée tout en haut prend un air coquet. Une tonnelle couverte de tiges de vigne mène à un sentier de pierres lisses qui serpente gracieusement jusqu'à une épaisse porte de bois percée d'une fenêtre à cloisons. L'édifice d'un seul étage supporte une tourelle. On dirait un phare planté sur la maison.

Toc, toc, toc… Rien ne bouge à l'intérieur. Toc, toc, toc, plus fort. Silence. J'aperçois une cloche de fer comme celle qu'utilisait la directrice de mon école de village pour annoncer la fin des récréations. Ding, dong… La maison reste endormie. C'est peut-être mieux ainsi. Je reviendrai plus tard. Ou demain, tiens.

Au moment où j'atteins la tonnelle, une voix flûtée résonne :

— Mademoiselle !

Ça fait au moins trois siècles qu'on ne m'a pas appelée mademoiselle. Une dame aux longs cheveux argentés et aux grands yeux bleus joliment soulignés au crayon noir agite vivement un bras devant la porte ouverte. On dirait une scène de film. Nous ne sommes qu'à quelques mètres de distance, mais son geste a l'ampleur d'une salutation théâtrale. Comme si elle était sur le pont du Titanic et moi, sur la terre ferme. Grande, mince mais large d'épaules et d'ossature robuste, elle n'a rien de fragile et tout d'élégant, du bout des orteils écarlate au port de tête en passant par le paréo aux couleurs de terre et de sable noué sur la poitrine.

Son sourire me ravit aussitôt. Il y a des gens qui savent étirer les lèvres d'une manière telle que leur visage s'inonde de joie. On dit d'eux qu'ils sourient jusqu'au ciel. Comme elle.

— Youhou! Ne partez pas… J'ai du thé tout prêt.

Son salon. Deux fauteuils à oreilles disposés devant une grande fenêtre parée de rideaux fleuris depuis laquelle on peut admirer le lac. Une table basse croule sous les livres et les disques. Elle les repousse avec le naturel de l'habitude pour faire place à une théière de porcelaine et à deux tasses délicates qui semblent sorties comme par magie du vaisselier de Flavie, ma grand-mère préférée.

Ses doigts sont longs, la peau de ses mains fripée et tachetée. En la regardant verser le thé, on croirait qu'elle a mis toute sa vie à perfectionner le rituel tant les gestes sont assurés, le débit régulier et l'ensemble du tableau harmonieux. Elle porte la tasse à ses lèvres, déguste le liquide ambré comme si c'était du nectar d'étoiles en claquant doucement le bout de sa langue sur son palais, puis pose sur moi un regard attentif et gai.

— Merci pour les fleurs. J'adore les violettes! Bien plus que les crocus. Elles sont si menues et ça ne les empêche pas de sortir de terre sitôt la neige disparue. Dominique… c'est bien votre nom, n'est-ce pas? Bienvenue dans la Vallée du bonheur, mademoiselle Dominique…

Elle rit de me voir étonnée par l'expression qu'elle a utilisée, un peu comme une gamine qui vient de glisser un mot espiègle. La Vallée du bonheur! Au milieu du Royaume des miracles?

— Vous ne saviez pas? Attendez!

Elle s'éclipse un bref moment. Revient avec une carte qu'elle déploie par-dessus la théière. Y sont dessinés un enchevêtrement de routes, de chemins et de rues, des lacs et encore des lacs, une rivière, des zones d'ombre plus foncées indiquant les sommets, le nom Saint-François tout en haut en grosses lettres et, plus bas, un tout petit x tracé au crayon au départ d'une rue menant à notre lac. La croix indiquant l'emplacement de sa maison se situe dans une zone de couleur différente, légèrement dorée, où apparaissent trois mots: «Vallée du bonheur».

Un sourire fleurit sur son visage. Elle m'observe avec plaisir, fière d'avoir réussi à m'impressionner.

— Peu de gens connaissent l'existence de cette carte. Et seuls les vrais vieux se souviennent du nom de la vallée. Je suis Élisabeth, dit-elle en me tendant une main que je presse instinctivement, encore un peu étourdie par sa présence et ses propos. Mais je préfère qu'on m'appelle Lili…

*D*eux jours plus tard, j'ai fait la rencontre de Pierre. Sans un heureux hasard, nous aurions pu passer des années voire toute la vie sans nous croiser. Même s'il habite à 1,3 kilomètre de la maison des petits cochons, Pierre et moi avons fait connaissance à 1 500 mètres d'altitude au sommet du mont Algonquin, dans l'État de New York, alors que nous étions tous les deux inscrits à une randonnée printanière dans les Adirondacks avec un club de plein air spécialisé dans ce type d'excursions. Si j'avais su que Rock allait réussir à finaliser la transaction de ma petite maison, je n'aurais jamais planifié cette escapade de l'autre côté de la frontière, car il me restait un million de choses à faire et de trucs à acheter pour finir de m'installer au bord de l'eau. Et, en ce printemps tardif, chaque minute de soleil, chaque infime métamorphose du paysage autour de ma maison me comblait tellement que j'aurais souhaité ne jamais m'absenter.

En passant, si j'aime tant la montagne, c'est grâce à Ingrid, une copine d'université résidente de Stowe, au Vermont. Ses parents d'origine allemande s'étaient construit une maison de style chalet à flanc de montagne avec vue sur le mont Mansfield. Tous les membres de la famille avaient les joues roses, le teint clair, les yeux brillants, les mollets bien ronds et chacun portait des bottes de randonnée usées. Ingrid et les siens me semblaient tout droit sortis du film *La mélodie du bonheur*. C'est elle qui m'a initiée à la randonnée pédestre.

— T'as de l'expérience? m'avait-elle demandé après les examens.

— Oui. C'est sûr, avais-je menti.

Ainsi sommes-nous parties pour une randonnée d'une semaine entière en montagne, sans possibilité de ravitaillement en route, chacune avec un monstre de sac sur le dos et des milliers de mètres de dénivelé à franchir. Au bout d'une heure, j'étais martyrisée par une première ampoule au pied et, en fin de journée, je n'avais qu'une seule pensée en tête : trouver une façon, n'importe laquelle, de sortir du bois. Malgré tout, en fin de parcours, après sept jours de misère et mille révélations – on peut traverser un nuage en marchant, les ratons laveurs savent ouvrir la glissière d'un sac à dos, les ours ne sont pas tous au zoo, les geais gris osent venir manger des arachides dans nos mains, tout est *vraiment* plus beau vu d'en haut… –, j'avais la piqûre. Depuis, je ne peux vivre sans montagnes. Et j'ai absolument besoin de les franchir à pied. Chaque fois, une étrange ivresse m'envahit à mesure que j'approche du sommet.

À la conquête du mont Algonquin cette fois, je discute avec une jeune femme qui progresse au même rythme que moi. En apprenant que je viens d'acquérir un chalet à Saint-François, elle s'exclame :

— Le même village que Pierre! On marchait ensemble tout à l'heure. Il s'arrête souvent pour prendre des photos. Il est drôle. Vous devriez vous parler.

Deux heures plus tard, je dévore mon sandwich jambon-fromage en admirant les cimes environnantes baignées de lumière lorsque mes oreilles attrapent les bribes d'une conversation. Un jeune homme raconte sa soirée un peu trop bien arrosée de la veille en compagnie d'une conquête avec qui il a précédemment échangé... sur le site rencontresportive.com.

— Tu comptes la revoir? questionne une voix de femme.

— Aucun risque. Échec total. À la fin de la soirée, alors que j'allais l'embrasser, elle m'a fait une déclaration désastreuse.

— Plus précisément?

— Je suis baveux, je parle trop et, en plus, on n'aime pas les mêmes sports. Madame préfère le canot à la rando. Comme si chaque sport était une secte et qu'on devait appartenir à l'une ou à l'autre, jamais à deux! J'ai eu l'impression d'avoir passé un test pendant toute la soirée. Ça m'a fait suer.

— Et pourtant, toi, t'étais intéressé, non?

— Moi? (Rires.) Je suis un extraterrestre. Je prends le temps de découvrir avant de décider. Et j'ai pas de liste de critères cachée dans ma poche arrière.

J'ai attendu qu'il soit prêt à repartir pour lui emboîter le pas et me présenter:

— Dominique. Fière nouvelle résidente de Saint-François, dans la Vallée du bonheur, dis-je en prenant plaisir à provoquer une réaction.

Pierre m'étudie avec sérieux, de ma tignasse décoiffée aux bottes de randonnée crottées. Et c'est lui qui me surprend en me pressant très fort contre lui et en m'embrassant sur les joues avec une ferveur pour le moins déstabilisante.

Deux minutes plus tard, nous étions amis. Pour la vie. En dévalant le sentier (ses excès éthyliques de la veille ayant visiblement peu d'effet sur sa forme physique), Pierre m'a raconté sa vie avec cette absence de pudeur typique des gens hypersensibles et impulsifs qui, une fois leur confiance accordée, ne mesurent ni ne calculent plus rien, prêts à tout donner et partager. Nous allions rejoindre le poste d'inscription au pied du sentier, là où les randonneurs doivent noter leur nom au départ et apposer leur signature à l'arrivée pour éviter qu'un ranger ait à partir à leur recherche en pleine nuit, lorsque Pierre déclare tout à coup :

— J'ai l'air fin comme ça, mais fie-toi pas. Je suis une vraie métastase.

— C'est-à-dire ? demandai-je, amusée.

— Sournois et pernicieux, répondit-il avec un sourire malicieux.

Avec le temps, j'ai compris. Pierre est un des êtres humains les plus généreux, fidèles, aimables, enthousiastes, increvables et tripeux que je connaisse. Mais il déteste : les lèche-bottes, les faux gentils, les gros ego, les calculateurs, les je-sais-tout, les sans-génie, les trop beaux, les trop parfaits, les pragmatiques à l'os, les frileux en masse et, de manière générale, jusqu'à preuve du contraire, tous les citadins un peu trop convaincus. Sournois et pernicieux ? Tout à fait ! Il peut décapiter quelqu'un d'un simple coup de langue, sans prévenir, avec une remarque assassine. Quand il aime, c'est pour toujours. S'il déteste… ouille ! C'est dangereux.

Les humains donc. Tout de suite après le site. Ou ex æquo. Parfois, je me dis qu'au fond, ils arrivent peut-être en première place, avant même le site. J'y ai souvent songé, bien avant de déposer mes bagages au pied de la rue cachée. Je me souviens d'une fois, entre autres, au bord d'Emerald Lake, près de Whitehorse, au Yukon, en juin, sous un soleil de feu. Devant moi, une eau cristalline d'une couleur incomparable à cause des minéraux qui en tapissent le fond, zéro trace de civilisation, des pics enneigés en arrière-plan, un ciel d'une pureté ahurissante, une luminosité exemplaire. Un paysage d'apparence «photoshoppée» et pourtant bien réel, d'une beauté telle qu'on se surprend à se questionner sur l'existence de Dieu et la création du monde. Deux enseignantes ayant participé à une formation que j'avais donnée la veille se sont gentiment offertes pour me présenter les plus beaux trésors des environs. J'ai accepté, ravie, en sachant que je ne revisiterais sans doute jamais ce bout du monde.

Mes guides bénévoles bavardaient entre elles. Deux vieilles amies, complices au travail comme dans la vie. Je contemplais l'eau, les montagnes, le ciel, un oiseau,

consciente de me tenir devant un des joyaux de la planète. L'air était bon. Je n'avais ni faim, ni soif, ni froid.
Tout était parfait. J'éprouvais cependant un manque. D'un
point de vue professionnel, mon voyage s'était admirable-
ment bien déroulé. Accueil chaleureux. Pas de pépin. Par
ailleurs, aucun drame profond ne brouillait le paysage de
ma vie personnelle. Et pourtant... une mystérieuse tristesse m'envahissait.

J'ai cherché. Autour de moi d'abord, puis en dedans.
C'est là que j'ai trouvé. Un espace vide. Un trou. C'est tout.
J'aurais voulu partager la beauté des lieux avec quelqu'un
que j'aime. Un enfant, un amoureux, un amant, un ami,
un collègue, un copain. Je m'en suis voulu de ne pas savoir
simplement savourer ce panorama spectaculaire. Non mais
quoi?! Es-tu si peu autonome, si misérablement handicapée, que tu es incapable de profiter d'un chouette moment
sans un visage connu à tes côtés? À mon grand désespoir,
la réponse s'imposait: oui.

Un paysage moins glorieux n'aurait pas suscité ce sentiment. C'est dans la perfection du moment, éblouie par la
somptuosité des environs, que j'ai saisi combien les êtres
humains colorent et révèlent les lieux. Tout comme les
grands bonheurs et les pires peines réclament une présence intime, la grâce d'un instant requiert parfois, pour
être pleinement appréciée, la proximité d'une personne
aimée. Cette révélation a transformé ma vie. Il m'arrive
parfois d'oublier, mais au moment des grandes décisions,
au cœur des désastres, des joies, des déchirements, des
contradictions, des dilemmes, des occasions uniques, je
me souviens que, quelle que soit l'issue, les gens feront la
différence.

Imaginons trois personnes sur un lac, en bateau, un soir d'été, au soleil couchant, avec une bouteille de vin et trois verres. Que faut-il préciser pour créer un tableau idyllique? Cela tient-il à la taille et au luxe de l'embarcation ou à la puissance du moteur? À la cuvée, au millésime ou au cépage du vin à boire? À la délicatesse des verres ou à la perfection du cristal? Aux couleurs exactes du ciel, à l'absence de nuages, au vol d'un oiseau à un instant précis? Ou à la chaleur de la camaraderie?

J'oublie qui m'a un jour posé la question, mais je l'en remercie.

$\mathcal{U}$n lilas blanc fleurit. Des pousses vert sauterelle, d'autres vert grenouille s'étirent parmi les mauvaises herbes. Lili m'a expliqué que ma plate-bande est en excellente santé grâce à mon champ d'épuration sous les racines des vivaces. À quatre pattes dans la terre de jardin achetée en lot de douze sacs extra lourds parce que c'est moins cher, j'ai non seulement les mains et les genoux dégoûtants, mais aussi, à force de balayer l'air autour de moi pour faire fuir les maringouins affamés, les cheveux et jusqu'au bout du nez maculés de noir.

Les mésanges et les sittelles sont venues déjeuner malgré l'intimidation en règle exercée par Timothée, qui dépense beaucoup d'énergie à faire fuir bipèdes et quadrupèdes de ses quartiers, dont les limites excèdent largement mon minuscule royaume. Étant donnée sa taille, peu de bêtes, même petites, se laissent impressionner. Des chardonnerets se goinfrent d'ailleurs dans une mangeoire conçue pour eux alors que mon chien épuisé somnole à deux pas de là.

— Youhou! C'est moi. Oh!!! Je suis jalouse. C'est BEAU! s'exclame Christiane en émergeant de sa voiture, un brave tacot agonisant.

Cricri se dirige vers moi en poussant son vélo d'un bras, l'autre étant lourdement chargé de sacs débordant de victuailles et de vin. On pourrait croire qu'elle est ma sœur. Même si aucun lien sanguin ne nous unit, les amis nous confondent à trois mètres de distance s'ils regardent un peu vite. Même petit gabarit, mêmes cheveux platine, même énergie.

Christiane tombe immédiatement sous le charme de la maison des petits cochons.

— C'est mignon comme tout! On dirait une maison en bonbons. Et le lac si près!

Je suis aux anges. Mais par souci de franchise, pour ne pas verser dans la fausse représentation, j'ajoute:

— Attends de voir les algues. Tu vas trouver ça moins mignon…

Debout sur le quai, Christiane fait la grimace.

— Bof… Y'en a pas tant que ça. Pis c'est pas sale, non? fait-elle valoir.

— C'est vrai. Mais on est en mai. Il paraît qu'en juillet, c'est pire.

— On pourra quand même nager?

— C'est sûr. Les algues, ça chatouille. C'est tout.

Après quelques verres de rosé dégusté à l'intérieur malgré la chaleur parce que dès qu'on met le nez dehors les maringouins nous éperonnent, Cricri et moi sommes à jour. Elle sait tout de la maison des petits cochons et de ma première rencontre sportive. Je sais tout de ses dernières tergiversations amoureuses avec celui qui n'a pas encore acquis le statut d'homme de sa vie et qui, étant donnée l'âme désespérément hésitante de ma belle amie, ne l'obtiendra peut-être jamais.

— On se fait une petite session d'épluchage de fiches ? propose Christiane entre la salade de betteraves servie avec un chèvre fondant sur pain aux noisettes et les tartelettes à la framboise garnies de crème pâtissière. À deux, c'est mieux, non ?

— OK. Mais on chronomètre. Soixante minutes, pas plus. Si on n'a pas trouvé, on abandonne.

— Pour la journée…, précise Cricri.

À la dix-septième minute, l'homme est cerné. Son nom de code : daniloup. Pas de chiffres. Fiou ! Le candidat a suffisamment de créativité pour se dénicher un nom qu'il ne partage pas avec trente autres aspirants. Ça augure bien.

— Il écrit sans fautes, il est beau, il pratique les mêmes sports que nous et son film préféré est *Cyrano de Bergerac* ! s'extasie Christiane.

— C'est super pour moi, n'est-ce pas ? dis-je en souriant, histoire de lui rappeler qu'on ne magasine pas pour elle.

Mon amie lève les yeux au ciel.

— Ouais… Je vais me contenter de vivre ça par procuration. Allez, hop. Écris-lui.

— Pas devant toi…

— Ouiiii. Avec un peu de chance, il va te répondre avant que je reparte. J'aimerais ça. C'est excitant…

J'écris :

Cher monsieur,
J'ai lu votre fiche et vu votre photo.
J'aimerais vous inviter...

— Stop ! Arrête ! C'est infect. Sois plus... cool.

Je tourne vers mon amie mon plus beau regard en point d'interrogation.

— Fais pas la nouille. Tu sais ce que je veux dire. T'écris comme une matante. Force-toi un peu. Sois... spontanée.

Je pourrais lui faire remarquer l'antithèse dans son discours, mais je me satisfais d'écrire :

Bonjour, Daniloup,
Je peux réciter presque tout *Cyrano* par cœur.
Crois-tu que ça fait de moi une bonne candidate
pour une rencontre sportive avec toi ?

Christiane fait mine de ramasser ses affaires pour quitter la maison des petits cochons en guise de protestation.

— OK. Vas-y. Écris toi-même, je lui propose.

C'est exactement ce qu'elle attendait. Sitôt installée devant le clavier, elle se lance :

Allo, Daniloup,
J'aime les fauves. Aimes-tu les fleurs ?
Myosotis

Et hop! Elle clique sur «envoyer» sans même me consulter. J'allais lui lancer que ce type de minauderies me donne des boutons lorsqu'une ombre passe devant la fenêtre. On se retrouve dehors toutes les deux, avançant à pas… de loup vers le vieux quai au pied de la maison des petits cochons.

Mon cœur cogne comme un fou. Un grand héron solitaire se tient debout sur mon quai avec l'air d'y être parfaitement chez lui. Christiane bat silencieusement des mains, séduite. Je voudrais trouver les mots pour exprimer mon émoi, mais une boule de la taille d'un poing s'est logée dans ma gorge. Le grand héron n'est pas simplement le plus bel oiseau géant qu'on puisse voir ici. C'est mon totem secret depuis que j'ai lu *A Solitary Blue* (*Le héron bleu*) de Cynthia Voigt, une de mes écrivaines chouchous. L'oiseau reste là, immobile, superbe, mince et élégant, jusqu'à ce qu'un chat détale dans un fourré tout près. Du coup, l'animal se métamorphose. Il plie les pattes, déploie des ailes larges comme des voiles et s'envole, soudain immense et puissant sur fond de ciel métallique.

— T'as un sous-sol? demande Christiane en passant devant la porte que je n'ai pas rouverte depuis la dernière fois.

— Ça s'appelle une cave de service. Ça veut dire que c'est laid, tout croche, pas habitable et, en plus, ça pue. Je peux te montrer si tu veux…

Poussée par ma propre curiosité, je profite de la présence de mon amie pour replonger dans les entrailles de ma petite maison. La porte n'est même pas verrouillée mais elle s'ouvre tellement difficilement qu'un voleur ne se donnerait pas la peine d'insister.

En entrant, je suis saisie par le froid, l'humidité et… un bruit suspect. Un chuintement. Pas du tout animal.

— Ben dis donc! Il y a un ruisseau sous ta maison! s'écrie mon amie, trop étonnée pour tourner sept fois la langue dans sa bouche avant de parler.

J'ai beau ne rien connaître à l'immobilier, je devine qu'un ruisseau sous une maison, ce n'est pas normal. Même que la mauvaise nouvelle est suffisamment inquiétante pour que Christiane décide de rester jusqu'à demain, histoire de me tenir compagnie.

Si c'était un feu, j'appellerais les pompiers. Une infestation de rongeurs, les exterminateurs. Un vol, les policiers. Si un mur s'écroulait, un entrepreneur. Mais lorsqu'un ruisseau coule dans votre sous-sol, il n'existe pas, à ma connaissance, de corps de métier désigné.

Pendant que Cricri me raconte son récent voyage de cyclotourisme en Slovénie, un « bing » bien sonnant retentit.

— C'est lui ! s'écrie mon amie en se précipitant vers l'ordi.

Chère Myosotis,

J'aime admirer les fleurs, les sentir et surtout les offrir. Je ne suis malheureusement pas doué pour les échanges de ce genre. Accepterais-tu qu'on se parle au téléphone ? Si je suis trop direct, pardonne-moi. C'est parce que ta fiche me plaît énormément...

Louis

— Je suis jalouse! J'en veux un pareil. Il est parfait! s'exclame Christiane.

— T'es pire que moi. C'est une vraie honte. Le gars écrit correctement, c'est tout. Ça ne fait pas de lui l'homme de ma vie. Qui dit que ce n'est pas un tueur en série?

— Il t'étranglera pas au téléphone.

Vu ainsi...

— Tu permets? demande Christiane en s'installant devant le clavier sans attendre ma réponse.

Elle écrit:

Très cher Louis,

— Woh! S'il est très cher avant même que je lui parle, je vais mourir d'extase au premier rendez-vous!

— La ferme!

Elle poursuit:

Je serais ravie d'entendre ta voix. Au risque de me montrer à mon tour trop directe, voici la clé pour me découvrir davantage...

450 224-0079

Myo

— My-o! Au secours! Bon, je vais promener Timothée. Bye!

— Pas question. C'est moi qui promène la Terreur. Toi, tu restes ici et tu attends son appel.

Je n'ai pas promis de patienter comme une dinde dans la cuisine-salon-salle à dîner. Sitôt Christiane disparue avec Tim, je file vers le sous-sol armée d'une pelle. Pendant que Cricri vantait les paysages de la Slovénie en m'étourdissant avec des noms de villages qui sonnent tous pareil, je me suis demandé ce qu'un homme ferait à ma place. Il me semble que, mis devant un ruisseau sous leur maison, les hommes *agissent* alors que les filles… *discutent.* À preuve, les efforts de Christiane pour m'encourager :

1. L'humour : « T'as qu'à acheter une canne à pêche… »

2. La compassion : « Pauvre crotte, il t'arrive toujours des affaires impossibles. À croire que tu fais exprès. »

3. L'autorité : « Demain, j'appelle mon ex. C'est le plus grand débrouillard de la planète. Il va trouver une solution. Penses-y plus, OK ? »

Un gars, lui, aurait FAIT quelque chose. J'ai pensé à mon ex-mari. Logique, pragmatique, systématique et stratégique. Avant d'agir, il aurait RÉ-FLÉ-CHI. Alors j'ai fait comme lui et j'en suis arrivée à la conclusion que l'eau doit s'écouler. Si elle passe sous ma maison, il faut que je l'aide à sortir puisque je ne sais pas comment l'empêcher d'entrer. L'idée, c'est de creuser une tranchée. Puis d'acheter des tuyaux afin de canaliser l'eau. Une fois sorti de sous la maison, le ruisseau se déversera dans le lac. C'est simple, non ?

Plus je creuse, plus il y a de l'eau. À croire que ce n'est pas un ruisseau mais une rivière qui déboule sous la maison des petits cochons. Une chance que j'ai des bottes de caoutchouc. En même temps, honnêtement, je m'amuse. Mon expérience en maniement d'une pelle est nulle, mais j'éprouve un certain plaisir à attaquer le sol à grands coups. Ça sort le méchant, ça fait fondre la frustration. Et on voit le résultat. Mine de rien, en je ne sais trop combien de temps, j'ai déjà creusé le sol sur une bonne longueur. Tout va bien, je me sens presque championne, lorsque soudain :

— DOOOOOOOOOOOOOOO!!!!!!!!!!!!!!

Le cri me fait échapper ma pelle. Christiane hurle depuis le balcon.

— Où étais-tu ? Je te cherchais partout, lance-t-elle. Qu'est-ce que tu fais avec tes bottes de pluie ?

— Je m'amuse.

— Ben t'as manqué l'appel.

Je mets un petit moment à saisir. On est loin du ruisseau !

— Louis ?

Mon amie affiche un air de jeune fille indignée laissant sous-entendre que j'ai gaffé à la puissance mille en allant m'isoler dans le sous-sol.

— Le téléphone a sonné ? Qui te dit que c'était LUI ?

— Je lui ai parlé.

(Silence.)

— Un bon cinq minutes, ajoute-t-elle. On a discuté… de toi. Et de lui. Il va te rappeler demain. Je peux rester jusque-là… J'ai appris pas mal de choses sur ton nouveau chum.

— Christiane?

— Oui…

— Si tu n'existais pas, je n'aurais pas assez d'imagination pour t'inventer.

Elle baisse la tête, fait la moue, puis lève vers moi un regard d'enfant de maternelle pris en faute:

— Tu m'en veux pas?

En guise de réponse, j'ouvre la bouteille de Limoncello. C'est encore mieux que le lait chaud avant le dodo.

— C'est pas fou, maman, confirme fiston deuxième. Ce que tu veux, c'est sortir l'eau de sous ta maison. Trouve quelqu'un pour installer les tuyaux après, puis recouvre le tout de zéro trois quarts.

Dans le but d'impressionner fiston, je ne pose pas de question sur ses derniers mots. Un appel au quincailler du coin me fournit l'explication. Le «zéro trois quarts», c'est de la roche mélangée, de toute petite à trois quarts de pouce de grosseur. Voilà. C'est pas plus sorcier que ça.

Timothée est aux anges. Il saute par-dessus le ruisseau, le traverse, joue dans le courant, boit, plonge son museau et donne des coups de patte comme pour attraper je ne sais pas quoi. À croire que du poisson frétille là-dedans.

En fin d'après-midi, j'ai fini. Le ruisseau a doublé de taille. Des veines ont rejoint d'autres veines et l'eau gicle sous le plancher de ma cuisine-salon-salle à dîner. Je suis crottée, crevée et heureuse. Il me semble que j'ai tout ce qu'il faut pour bien m'occuper de ma petite maison tarée. Qui a dit que j'avais besoin d'un homme?

Sans même me doucher, histoire de vivre pleinement ma nouvelle identité de femme à tout faire capable de vous creuser une tranchée en moins d'une journée, je m'installe devant la fenêtre moustiquaire du salon pour prendre l'apéro à l'abri des maringouins. J'étends un vieux drap sur le canapé rouge pour le protéger de ma crasse, une chaise devant pour y allonger mes jambes fatiguées, je fais jouer un vieux CD de Barbara et je porte le verre de bière bien fraîche à mes lèvres quand soudain…

Le téléphone sonne. C'est l'homme. Je le sens. Sans Christiane, c'est encore plus excitant même si j'ai autant d'énergie qu'un lapin jouet mécanique sans ses piles. Je grimpe sur le comptoir de cuisine parce qu'ici le cellulaire boude tous les signaux et la prise du téléphone fixe est installée entre le frigo et le micro-ondes, Dieu seul sait pourquoi.

— Allo.

— C'est moi. Comment vas-tu?

La voix est chaude, un brin rauque, affirmée et en même temps douce… Fiou! C'est une voix parfaite. Et justement, elle appartient à un de mes deux hommes préférés: mon fils aîné.

Quand j'étais petite, je détestais l'odeur de caoutchouc du Canadian Tire. Que mon père prenne plaisir à déambuler dans les allées de ce magasin tenait à mes yeux du plus grand mystère. La maison des petits cochons a totalement redéfini ma relation à cette chaîne d'établissements ainsi qu'à toutes les quincailleries de la terre. Ce changement d'attitude a débuté en pleine épidémie de moustiques lorsque j'ai déniché dans un de ces commerces un abri moustiquaire conçu pour les amateurs de camping, mais de dimension idéale pour la minuscule véranda de mon chalet.

Avec l'aide de Peter Pan (c'est ainsi que j'ai rebaptisé mon nouvel ami Pierre, déterminé à rester un enfant dans plusieurs sphères de sa personnalité), en deux heures (c'est trois fois plus qu'il en aurait fallu, mais Peter Pan n'est pas très méthodique), la structure de métal est montée, les murs de filet accrochés et ma vie de propriétaire de chalet prend son envol. Je peux désormais manger, écrire, lire, boire, bavarder, rêver, réfléchir et même somnoler dehors dans cet espace béni de quarante-deux pieds carrés hors de portée des insectes voraces.

Je cherchais les mots que l'héroïne de mon roman pour enfants écrirait à son amoureux pour lui exprimer ses sentiments florissants lorsqu'un chuintement singulier m'a distraite de mon travail. Une volée d'outardes atterrissait sur le lac dans une chorégraphie finement réglée. Elles sont restées longtemps à flotter à la surface de l'eau, confortables et repues, simplement heureuses d'exister. Peu après, j'ai assisté à une querelle de chardonnerets. Puis, un pic mineur s'est attaqué au vieux pin aux aiguilles jaunies collé à la maison des petits cochons. Le pic est mon oiseau porte-bonheur. Sa présence me rassure toujours. En l'observant, occupé à marteler l'écorce de son bec menu, j'ai eu l'impression d'être, un peu comme les outardes, pleinement satisfaite d'exister. Ici, en ce moment.

— Pis… il est comment?

J'ai un peu envie de jouer les naïves en faisant semblant de ne pas comprendre, mais c'est inutile. Christiane me connaît trop.

— Vous êtes-vous parlé? demande-t-elle, méfiante, comme si elle me soupçonnait d'avoir commis un grave délit.

— Non. Chaque fois que ça sonne, le temps que j'ouvre et referme les fermetures à glissière pour sortir de ma capsule moustiquaire, il est trop tard.

— Mais là… tu viens de répondre. On se parle, nous, au téléphone!

— Tu m'as lâché un coup de fil pendant que je me préparais un sandwich. J'étais juste à côté…

— Ça fait une semaine ! Vous auriez pu vous fixer un rendez-vous téléphonique. T'aurais pu, *toi*, l'appeler. Vous pourriez aussi sauter quelques étapes et vous voir !

— Il est parti dix jours en Gaspésie.

— Et ça fait ton affaire, déclare-t-elle, le ton accusateur. TU AS PEUR !

— J'avoue.

Les bonnes amies sont toujours un peu sorcières. Louis est parfait sur papier, alors bien sûr que j'ai la trouille. Je suis sortie de l'épisode Paul avec le cœur déglingué. Mon pauvre organe a perdu ses protections naturelles anti-démolition. Un rien le met en miettes. Dans ces conditions, la peur devient une compagne, la méfiance, une réaction normale et la résistance, un mode de survie. Pour distraire Cricri de mes piètres performances en entrepreneuriat amoureux, je me lance dans un exposé sur la magie des lieux où j'écris et vis depuis peu.

— Ce matin, en me levant, j'ai vu, par la fenêtre de ma chambre, deux tortues grimpées sur une roche. Et c'est pas tout ! Le grand héron a passé l'après-midi à dormir sur mon quai pendant que j'écrivais. Même qu'il a eu la délicatesse de s'envoler exactement au moment où je mettais le point final à mon chapitre. Chaque fois qu'il décolle devant moi, j'ai l'impression de m'élever avec lui. J'adore écrire ici. Est-ce que je t'ai dit que le terrain vague à côté de chez moi, eh bien, c'est une ancienne plage de sable devenue un parc écologique où on peut nager et pique-niquer? Il y a moins d'algues que devant les petits cochons…

— Bon, ça va, j'ai compris que tu survis très bien seule. Je te quitte parce que Roméo m'attend. On se voit la semaine prochaine?

Ce que je ne raconte pas à Cricri, histoire de protéger la réputation de ma maison, c'est que le fameux terrain dont je viens de lui parler, pompeusement baptisé parc écologique malgré ses dimensions infiniment réduites, a donné lieu à un échange épique entre ma voisine Catherine et moi. J'allais sauter dans ma voiture pour faire des courses entre deux chapitres lorsque je découvre deux voitures et un camion garés devant mon bolide. La rue étant très étroite, impossible de passer à côté. Le temps est splendide, il fait délicieusement chaud, mon roman avance bien, je suis d'excellente humeur, mais j'ai faim, mon frigo est vide et j'ai hâte de me réinstaller devant l'ordi.

J'apprends de Catherine, occupée à frotter ses fenêtres, que des bénévoles ont installé un beau gros quai tout neuf au bord de l'eau immédiatement à côté de chez moi pendant que j'écrivais. Peu après, des plaisanciers sont débarqués avec canots et kayaks. N'est-ce pas sympathique?

— Mais… ils sont stationnés devant mon entrée. Je ne peux plus sortir.

— Ils vont revenir, répond Catherine.

— Mais… mais… c'est insensé. La seule façon d'accéder au quai, c'est en stationnant devant chez moi.

— T'as qu'à leur crier du bout du quai. Ils vont revenir, déplacer leur véhicule et tu pourras sortir. Il n'y a qu'une rue qui mène au parc et c'est toi la plus près de l'eau. Tout le monde n'a pas ta chance.

Un doute s'insinue en moi : suis-je une horrible bourgeoise ? Suivi d'une autre question : est-ce normal de ne pas pouvoir sortir de chez soi ? La réponse m'apparaît soudain archi-claire.

— Qui a autorisé l'installation du quai ?

— L'association des riverains, répond ma voisine.

— Je peux parler au président ? Il doit bien y avoir un président… ou une présidente ?

— Le président, c'est mon frère. Il est à Montréal aujourd'hui. La vice-présidente, c'est moi.

Je prends le temps d'inspecter les alentours d'un rapide coup d'œil au cas où il y aurait des caméras cachées. Ce qui m'arrive est trop loufoque pour être vrai. Il *faut* que ce soit un coup monté. Malheureusement, je ne vois aucune caméra. Et Timothée est déchaîné. Il jappe et montre les dents comme s'il mourait d'envie de mettre Catherine en lambeaux. Or, mon chien possède un radar. Il ne devient agressif qu'en présence d'ondes malveillantes.

— Écoute, Catherine… penses-y deux minutes… Je ne peux quand même pas demander la permission chaque fois que je veux sortir de chez moi. C'est ridicule.

L'honorable vice-présidente fronce les sourcils. À croire qu'elle n'y avait pas songé.

— Le quai est nouveau…, se défend-elle. C'est un projet com-mu-nau-tai-re. Il faut montrer un peu de souplesse. C'est juste pour l'été. Le plus simple, vraiment, c'est de demander aux gens de déplacer leur voiture quand tu voudras sortir. Ça prend deux minutes. À moins qu'ils soient à l'autre bout du lac, c'est sûr…

Je sens que la fumée va bientôt me sortir du nez.

— J'ai une meilleure idée, dis-je d'une voix hideusement passive-agressive. Je vais désormais garer ma voiture devant la tienne. La rue est moins étroite à cette hauteur-là. Comme ça, n'importe qui pourra laisser son véhicule devant chez moi, je pourrai sortir quand je veux, et toi, t'auras qu'à venir me demander de déplacer ma voiture quand tu auras envie d'aller travailler ou de faire des emplettes.

C'était avant-hier. Depuis ce matin, une affiche indique que notre rue est privée, que le stationnement y est interdit et que le seul mode d'accès au parc écologique est à pied.

Christiane n'a pas demandé de nouvelles de mon sous-sol. Pendant qu'elle roulait de vignoble en vignoble dans les Cantons de l'Est avec Roméo ces derniers jours, j'ai trouvé exactement ce dont j'avais besoin: un homme à tout faire ou, comme dit Mishe, un substitut de mari. Pierre n'en connaissant pas et mes contacts dans la Vallée du bonheur étant réduits aux résidents de la rue, j'ai pensé m'adresser à Lili, que j'avais très envie de revoir. Malheureusement, cette fois, il n'y avait pas de voiture dans l'entrée et la porte de bois est restée fermée.

Peu après mon altercation avec Catherine, j'ai eu une idée. Pour la mettre en œuvre, je devais attendre à midi. À l'heure dite, j'ai pris mon vélo (l'accès au parc écologique n'étant pas encore réglé, et mon orgueil m'empêchant d'aller quémander au bout du quai la permission de sortir de chez moi). J'ai roulé jusqu'au restaurant le plus près, là où de nombreux camionneurs arrêtent pour avaler un spécial midi à prix tellement modique que le proprio pourrait bien être un ancien missionnaire. Mon plan était clair, mais au moment de l'appliquer une petite gêne m'a envahie, vite chassée par la perspective du ruisseau à haut débit coulant dans sa belle tranchée sous mon plancher de salon.

Je me suis plantée au milieu du restaurant entre les deux rangées de banquettes en cuirette élimée et j'ai lancé à haute voix :

— Excusez-moi. Quelqu'un connaîtrait-il un ouvrier pour des travaux pressants ?

À l'œil, quatre-vingt-dix pour cent des clients étaient des hommes et, à en juger leurs habits, ils ne travaillaient pas devant un ordinateur. Cinquante minutes plus tard, je repartais le ventre plein avec en prime une carte professionnelle et deux noms gribouillés derrière un napperon. Le soir même, Marc, un des deux noms sur le napperon, acceptait de régler le sort de mon ruisseau dès le lendemain. Et ce qui fut promis fut accompli… en trois fois plus de temps que prédit, mais tant pis. Une épaisse couche de trois quarts net (eh oui ! du gravier contenant uniquement des pépites de trois quarts de pouce) recouvre désormais les gros tuyaux noirs abritant mon cours d'eau.

Si Christiane ou Pierre ou fiston ou même mon éditrice, mise au courant de mes aventures de chalet, m'avaient demandé des nouvelles du ruisseau, je me serais presque sentie en devoir de leur raconter ma dernière découverte. Mais nul ne l'a fait alors j'ai gardé l'information pour moi. En rampant, par curiosité, jusqu'au bout de mon nouveau sous-sol semi-imperméabilisé, là où même un nain de jardin ne pourrait tenir debout, j'ai réussi à toucher au mur de fondation du côté opposé au lac. Ce que j'ai constaté semble impossible. Je confondais sûrement des trucs parce que je ne connais rien à la construction d'une maison. N'empêche qu'à en juger par ce que j'ai observé, une partie du mur de soutènement serait en bois. Et pour être plus précise, en bois pourri.

Daniloup commande un deuxième café régulier. Je sais déjà qu'il ajoutera seulement le contenu d'un godet de lait écrémé. En l'observant tout à l'heure, j'ai noté mentalement « peu jouissif » avant d'effacer, envahie par la honte d'oser juger si vite. J'opte pour un jus d'orange fraîchement pressé après avoir contemplé l'idée d'un second café au lait mousseux extra-chaud – mon troisième de la journée ! –, comme si la sagesse de mon vis-à-vis me contaminait déjà. Nous sommes assis ici depuis exactement quarante-huit minutes. Ce n'est pas du tout la catastrophe, je ne compte pas les minutes, mais je m'ennuie un peu et l'horloge du Café Bistro est installée pile devant moi.

Il est aussi beau que sur la photo du site. Grand, foncé, large d'épaules, les traits réguliers, le nez fin, de magnifiques yeux très sombres, une bouche dessinée au crayon… mais il sourit peu et m'a accueillie avec une réserve qui pourrait trahir de la froideur. J'ai appris, grâce à quelques questions vite formulées pour briser un silence gênant, que Louis a une fille de seize ans, qu'il habite à Boucherville et qu'il est conseiller pédagogique à la Commission scolaire de Montréal. Je ne possède aucune autre information sur sa vie privée et il ne sait rien de moi. J'en sais long sur son vélo toutefois car c'est le sujet de notre conversation – ou plutôt du monologue que je subis – depuis exactement quarante-trois minutes.

L'homme devant moi possède un vélo tout carbone de marque Look équipé d'une cassette de onze pignons, d'un groupe de transmission électronique Shimano et de roues profilées en carbone. Je sais où il l'a acheté, dans quelles circonstances, le détail des autres modèles qu'il a considéré acheter et toutes les raisons motivant son choix final. L'an dernier, l'homme et sa monture ont roulé 12 000 kilomètres par monts et par vaux au Québec et en France.

— Un vélo tout carbone, c'est comme un pur-sang, poursuit Louis. Plus souvent on le monte, mieux il obéit. Au début, le comportement est rigide, saccadé, peu confortable, mais avec le temps, on finit par faire un avec notre vélo.

Je pourrais lui répondre platement que je sais tout ça puisque j'ai moi aussi un vélo tout carbone. C'est un modèle beaucoup moins haut de gamme, moins récent, moins performant et je n'ai aucune idée du nombre de pignons, de la taille des pneus et du type de roues sauf que je sais qu'il s'appelle Gaston, qu'il aime comme moi grimper les côtes et qu'on roule ensemble environ 1 500 kilomètres par été.

— Le week-end prochain, j'aimerais revenir prendre un café ici, confie l'homme tout à coup.

Est-ce une avance? Dois-je décoder qu'il désire me revoir même s'il ne semble pas du tout s'intéresser à qui je suis? Nenni. Louis explique que le Grand Tour cycliste des

Laurentides, un évènement auquel il participe religieuse-
ment tous les ans, a lieu dans une semaine. Le voilà maintenant qui décrit le trajet en détail, étape par étape, chacune
avec son kilométrage, son dénivelé et ses défis particuliers.
Son étape préférée, c'est la troisième, un vingt kilomètres
qui longe cinq lacs.

— Le parcours est magnifique, résume-t-il.

Je m'écrie aussitôt, fière comme un paon :

— J'habite là !

C'est à cet instant que s'opère la transformation magique. Louis esquisse un large sourire, m'observe comme
s'il venait tout juste de me découvrir et me pose en rafale
plusieurs questions sur où je vis et depuis quand. J'oublie
l'horloge, j'abandonne ma méfiance, je lui pardonne de
commander des cafés moches et d'être soporifique lorsqu'il
parle de vélo et je me mets à parler de la maison des petits
cochons, des bernaches sur le lac ce matin, de ma première
saucette à l'eau, des nouveaux tuyaux dans mon sous-sol
et du plancher en contre-plaqué que je songe à faire recouvrir de belles planches de pin vendues à prix d'ami dans
une scierie à cinq kilomètres et demi de chez moi. Au
moment où la serveuse m'interrompt pour savoir si nous
désirons autre chose, un rapide coup d'œil à l'horloge
m'indique que je bavarde depuis plus de trente minutes
pendant que Louis écoute, patient, attentif, suffisamment
intéressé pour glisser de gentilles questions au bon moment.

— Non… merci, répond l'homme à la serveuse venue
s'enquérir de l'état de notre estomac.

La honte m'envahit. Il veut sûrement se sauver. C'est normal. Le pauvre! Condamné à m'entendre discourir sur mon chalet si longtemps.

— J'irais marcher un peu… si ça te tente, ose-t-il en se tournant vers moi. Je ne peux plus avaler de café, mais je n'ai pas envie de te quitter.

La proposition lui a coûté cher de courage, c'est inscrit dans sa voix et son regard qui fuit malgré lui, ce qui rend l'invitation encore plus attrayante… et inquiétante. Deux pulsions contradictoires m'envahissent. Une moitié de moi veut fuir à toutes jambes. L'autre est déjà à Paris avec lui.

Pourquoi me sauverais-je? Parce que depuis Paul la simple perspective d'aimer encore me terrifie. Comment puis-je même considérer l'idée d'embarquer à nouveau dans des montagnes russes qui me laisseraient le cœur en bouillie et l'âme si triste que j'en oublie combien j'aime la vie? Et Paris, alors? Mes réserves de romantisme sont désespérément inépuisables et je rêve d'un baiser sous les ponts de la Seine depuis que j'ai douze ans.

J'ai dit oui à Louis alors que mon pauvre Timothée m'attend dans la voiture (fenêtres ouvertes et il fait frais, merci de ne pas me signaler à la SPCA). Je lui avais promis une promenade dans ses sentiers préférés…

— Ça va? demande Louis en sortant du café.

— Oui, oui. C'est juste que… Ça t'embêterait si mon chien nous accompagnait?

— Pas du tout. Mais à condition que je puisse libérer Max, qui voudrait bien être invité lui aussi.

೭ʃ

— Rappelle-toi la règle, me sermonne Christiane. Ce qui t'a agacée au premier rendez-vous, c'est ce qui risque de te rendre folle dans un mois ou un an. Alors, c'est quoi?

— Il était drabe au début. Le genre pragmatique coincé, un peu sec et… ennuyeux. Un cerveau sur deux pattes. Mais c'était de la timidité, je crois.

— Cool.

— T'as l'air sceptique…

— Je te connais.

— OK. Crache… Dis-moi ce que tu as en tête.

— Te fâche pas. C'est peut-être lui, l'homme de ta vie. Mais attention de prendre le mors aux dents. Vas-y lentement.

Ai-je bien entendu? Dois-je me pincer?

— C'est *toi* qui m'as encouragée. Je dirais même poussée sinon quasiment obligée à le rencontrer. Et puis… qu'est-ce que ça veut dire: «je te connais»?

— Tu as déjà commencé à écrire un roman dans ta tête. C'est un super beau et bon roman, mais le gars, lui, n'est pas au courant. Il ne sait même pas qu'il est devenu un personnage de fiction. Il n'a pas les dialogues ni le scénario donc il y a peu de chances qu'il parle et agisse comme tu le souhaites. Tu veux mon conseil? Mets ton imagination au frigo.

— Bon, bon, bon… Oublie Paris. J'aurais pas dû t'en parler. Si on regarde juste les faits… Louis est beau, gentil, intelligent, sportif, à l'écoute, il adore Timothée et… il embrasse super bien.

— Ah, ah! Le chat sort du sac! Tu viens juste de te souvenir que vous vous êtes embrassés?

J'éclate de rire.

— On a prévu se revoir ce week-end. Si jamais on baise, est-ce que je peux attendre après pour te le dire? Je risque de perdre des points si je t'appelle pendant, tu comprends…

— Nounoune!

*P*aul habitait au bord d'un lac blotti entre les montagnes au nord de la Vallée du bonheur. À l'époque, j'avais la chance d'écrire devant un plan d'eau très prisé et situé encore plus près du pôle Nord que les quartiers de mon amoureux. Or, même si j'affectionnais mon coin de pays, je préférais nager chez Paul.

Il faut traverser un lac à la nage pour le connaître. Pas seulement pour savoir s'il contient beaucoup de truites, d'achigans, de perchaudes, de barbottes et de crapets. Pas seulement pour identifier et quantifier les algues vertes ou bleues ou pour saisir ses trésors de luminosité à chaque heure du jour et ses points de vue les plus aimables du nord au sud comme d'est en ouest. Il faut traverser un lac pour apprécier son eau. D'un lac à l'autre, elle n'a jamais la même odeur par exemple. Il y a des lacs qui sentent le crapaud, d'autres, le calcaire, le fer, le poisson. Mes lacs préférés sentent l'eau. C'est comme les humains. Certains portent un parfum, plus ou moins discrètement. On peut aimer ou pas. D'autres distillent leur propre odeur. Pourquoi sommes-nous davantage attirés par le parfum d'un corps que par celui d'un autre ? Le même mystère touche peut-être les étendues d'eau.

L'eau d'un lac est claire ou brouillée, dense ou légère, opaque, transparente ou translucide, granuleuse ou soyeuse. Elle oppose une résistance au corps du nageur ou glisse sur sa peau en le caressant. Les mouvements secrets de l'eau nous obligent à batailler ou au contraire nous propulsent. On peut se sentir lourds dans un lac alors qu'à quelques kilomètres de là, dans un autre mille fois moins beau, nos mouvements s'accordent si bien qu'on a l'impression qu'il nous pousse des ailes. Les lacs sont de mystérieux royaumes. Leurs fonds sont moins spectaculaires que ceux des océans, mais ils sont riches d'activités insoupçonnées et à mes yeux plus émouvants que la mer.

Celui où j'habitais avant se trouve à plus de deux heures de route de Montréal. Mais quelle vue spectaculaire! Pierre Foglia l'a déjà qualifié de plus joli lac du pays. Il fait huit kilomètres de circonférence et n'est ni étroit ni rond. De ma maison, on pouvait admirer les sommets du mont Tremblant. C'est un plan d'eau magnifique mais agité par des courants changeants, sans cesse malmené par des vagues soudaines, furieuses d'être emprisonnées entre les montagnes. Un lac un peu traître aussi qui vous fait croire qu'il a enfin atteint une température confortable pour mieux vous surprendre avec des masses glaciales en plein juillet. Le lac de Paul est plus agréable à traverser. On dirait une piscine remplie de poissons rouges, abritant très peu d'algues et vite réchauffée par le soleil. Mais il manque de charme. L'œil y est immédiatement sollicité par des constructions trop voyantes, si bien qu'on a beau se retrouver en pleine nature on s'y sent en banlieue.

Le lac de la maison des petits cochons est unique. Juste assez grand, mignon comme tout, riche d'une eau calme et soyeuse, il est davantage entouré d'arbres que de maisons. Les riverains ne sont pas vacanciers mais résidents permanents et peu soucieux de jouer au plus beau ou au plus gros avec leurs voisins. Malheureusement, des algues vertes ceinturent le bassin en promettant de l'envahir davantage plus tard dans la saison à mesure que le soleil favorise la croissance des végétaux. Depuis mon installation, ces pissenlits d'eau ont déjà proliféré, à mon grand désarroi.

— Aurais-tu acheté ton chalet si tu avais su ? demande Peter Pan en engouffrant mon dernier muffin aux canneberges, celui que je gardais pour demain.

Des velléités d'infidélité pèsent sur moi. Comme si mon ardeur pour le lac de la maison des petits cochons s'étiolait pour cause de trop-plein de plantes aquatiques et que mon cœur reluquait clandestinement d'autres plans d'eau. Le pire, c'est que j'ai du mal à répondre. J'aurais tellement aimé vivre au bord d'un lac où je peux me glisser dans l'eau en toute liberté sans que mes pieds s'enfoncent dans un magma vaseux hérissé de longues tiges à épis qui frottent insidieusement la peau. Les lacs sont peut-être comme les amoureux. On les rêve toujours un brin plus comme si, un grain moins comme ça et un chouya plus parfaits.

Bien protégés des insectes à dard sous l'abri Canadian Tire, alors que le soleil glisse paresseusement dans le lac, Peter Pan, Christiane et Roméo attendent ma réponse en sirotant leur café après un joyeux repas vide-frigo improvisé. Je me sens honteusement coupable d'hésitation. À croire que la maison des petits cochons serait témoin de mon trouble. Mon regard court sur la surface du lac devant moi. Et j'ai soudain une pensée pour l'héroïne de mon roman en chantier, ma compagne de vie depuis plusieurs semaines déjà. Un détail me revient... Cette dame que j'adore et admire soutient qu'il suffit de renommer la réalité pour la transformer. Mon esprit surfe un moment sur cette idée. Tout à coup, comme par enchantement, la solution à mes maux m'apparaît d'une lumineuse simplicité.

Si je me dis que j'ai une maisonnette au bord d'un *lac*, je me sens triste et déçue à cause des algues. Mais si je me dis que j'ai une maisonnette au bord d'un *étang*, je me trouve chanceuse comme tout de pouvoir y nager. Alors, c'est décidé! Je corrige le vocabulaire dans ma tête. La maison des petits cochons est désormais située au bord d'un étang. Ou d'un lac-étang, tiens! Du coup, les défauts de mon petit plan d'eau me semblent moins vilains. Je sais que la couronne d'algues deviendra très dense en juillet, mais ces plantes ingrates ne pousseront quand même pas au beau milieu du lac, là où le soleil n'arrive pas à atteindre le fond. Quand viendra le temps, je n'aurai qu'à trouver une embarcation, un vieux pédalo ou une chaloupe d'occasion, pour traverser le myriophylle, puis plonger à l'eau. De toute façon, lac ou étang, le paysage reste exceptionnel.

Me voilà prête à proclamer, avec des papillons dans l'estomac et un sourire ému:

— J'épouserais ma petite maison à nouveau n'importe quand.

Peter Pan applaudit, Christiane lève les yeux au ciel et Roméo cherche autour de lui comme si l'explication à ce bout de conversation obscur s'y cachait.

La lune s'est levée, les premières étoiles percent la nuit. Des taches lumineuses dansent sur l'eau alors que les riverains éclairent leur salon. J'imagine une pluie de confettis tombant sur la maison des petits cochons pour immortaliser l'union que ma déclaration d'amour vient de sceller. Dans les buissons d'eau, à côté, les rainettes approuvent à grands cris éloquents.

— « *C*hi-mer » ? Ça s'écrit comment ?

— On s'en fout, maman. Demande à ton homme à tout faire s'il peut *shimmer* parce que sinon il faut que tu arraches tout et ça va te coûter un bras.

Depuis mon installation dans la maison des petits cochons, j'appelle fiston numéro deux presque tous les jours pour lui demander conseil. Chéri deuxième suit un cours d'inspecteur en bâtiments. Une chance pour moi! Après chacune de nos conversations, je me sens monstrueusement poche.

Hier, par exemple, je lui ai demandé ce qu'il pensait du PDF pour faire des moulures.

— Tu me niaises, maman!

— C'est si mauvais que ça?

— Maaaaaman…

— Quoi?

Fiston s'est esclaffé et il a ri aux éclats pendant au moins trente longues secondes avant de lâcher, encore hilare:

— PDF c'est un type de document électronique. Si tu demandes des moulures en PDF à la quincaillerie, ils vont se rouler à terre. C'est du MDF que tu cherches.

— OK. C'est pas la fin du monde… une lettre de différence. D'ailleurs, les lettres MDF, ça veut dire quoi ?

— On s'en fout, maman. Tu as seulement besoin de savoir que c'est moins cher mais plus *cheap*. À toi de décider après.

J'essaie parfois de l'impressionner en faisant semblant de comprendre rapidement, quitte à m'informer ailleurs après pour compléter la leçon, mais fiston n'est pas dupe. Il finit par tout m'expliquer en détail comme à un enfant de cinq ans en glissant de temps en temps une phrase-qui-tue du genre :

— Dis-moi que tu fais exprès, maman. C'est impossible que tu ne saches pas ça.

Je pourrais me venger en lui demandant d'épeler un mot rare et long comme le bras puisé dans un concours de dictée, mais je me retiens d'être baveuse parce que j'ai besoin de lui et aussi parce qu'il a raison : je suis particulièrement peu douée en rénovation, construction et même de manière générale en tout ce qui touche à une maison. C'est le contraire pour fiston deux. En plus, il est champion des « ique » comme dans logique, pragmatique, mathématique… De là notre relation… particulière.

— Quand je pense que tu gagnes ta vie en in-ven-tant des histoires ! Faut le faire, avoue, maman.

— J'espère que tu es au moins un peu fier de moi…

— Oui… C'est sûr… Mais quand tu me dis que tu travailles fort, pardonne-moi, parce que j'ai envie de rire.

Shimmer, donc. J'ai trouvé le mot dans Antidote. *Shimmer* avant de clouer des planches neuves sur mes vieux planchers. J'ai pris ma décision pendant le dernier gros orage. Forcée à déménager mon ordinateur à l'intérieur, je me suis installée dans la petite chambre bleue pour poursuivre le chapitre où mon héroïne, elle, déménage en prison. Surprise ! Impossible d'écrire. Ma chaise ne peut tenir en place tellement le plancher est croche. Je dois me retenir à deux mains à la table de travail pour ne pas percuter le mur, ce qui fait que je n'ai plus de doigts pour le clavier. Or, mon héroïne m'attendait et j'avais très envie d'écrire alors je ne me suis pas trop arrêtée à cette nouvelle déconvenue et j'ai bougé mes pénates dans la cuisine-salon-salle à dîner.

C'est pire ! Ici, ma chaise souffre de la danse de Saint-Guy. J'ai attrapé une balle de Timothée après lui avoir expliqué que je n'avais pas le temps de jouer : j'emprunte seulement ton jouet pour mener une expérience, compris ? Résultat ? Quel que soit l'endroit où je dépose la balle sur le plancher, elle roule sur plusieurs mètres. Mes planchers ne sont pas croches. Ils sont archi-croches. En plus d'être affreusement laids. Malheureusement, même en *shimmant* pour égaliser un peu avant de poser les nouvelles planches de pin au lieu de tout défoncer, la facture est salée.

— Il faudrait que t'écrives un méga gros *best-seller*, suggère Mishe, occupée à arracher les mauvaises herbes à genoux dans ma plate-bande. T'avais pas une idée de roman l'autre jour ?

Je laisse tomber ma pelle pour aller lui faire une bise sur le front. J'adore cette fille ! Elle hausse les épaules, surprise, et s'attaque à une autre plante suspecte. Mishe, c'est une version féminine plus âgée de fiston numéro deux. Le monde de l'édition lui est aussi familier que pour moi celui des logarithmes. Mon prochain projet d'écriture est effectivement trouvé. Et je sais d'avance que le ton et le sujet ne me permettront jamais de fracasser des records de ventes. Écrire est un privilège, gagner sa vie, même modestement, de sa plume, le résultat d'un subtil alignement des planètes. Exiger davantage tiendrait de l'hérésie.

— Tu pourrais aussi te trouver un gars riche, lâche tout à coup Mishe-la-pratico-pratique. Qu'est-ce qui arrive avec ton beau Brummell ?

— Louis ?

D'un simple regard, Mishe m'avertit : inutile de jouer l'idiote.

— Il est encore dans le paysage.

— Vous vous êtes vus combien de fois ?

— Trois.

— Et ?

— Ça… évolue.

— Mais encore…

— Il gagne des points d'un côté et en perd de l'autre.

— J'écoute…

— La première fois, au café, c'était prometteur. La deuxième, on est allés grimper le mont Tremblant. Sur un vélo, le gars est une vraie machine. Je ne pourrais pas rouler en peloton avec lui. Mais en randonnée… il est moins fort.

— On s'en fout! C'est pas important. Tu voudrais qu'il soit toujours ton héros?

— Ben non. Justement… Je lui ai dit d'avance que j'étais forte pour grimper. Ça l'a fait rire. Même qu'il m'a frotté le dessus de la tête d'une main comme si j'avais cinq ans et que je venais de lancer quelque chose de mignon.

— Je vois le genre. Mais bof! Il y a plein d'hommes comme ça.

— Au début, il suivait. J'avançais à mon rythme. Je commence toujours plus doucement, puis, au bout de dix minutes, j'accélère un peu, et après, encore un peu. Louis est devenu essoufflé… et de mauvaise humeur. Il s'est mis à parler de ses bottes de randonnée trop petites, du kilométrage qu'il avait fait la veille en maintenant une vitesse moyenne hal-lu-ci-nan-te et du vin dont il avait abusé.

— C'est peut-être tout vrai…

— Ouais. Mais il m'en voulait d'être plus forte. Je le sentais. Au deux tiers, il m'a proposé d'avancer à mon rythme. Je m'ajustais à sa vitesse, mais il soufflait de plus en plus comme un phoque.

— Qu'est-ce que t'as fait?

— Ben… J'ai accéléré et je l'ai attendu en haut.

— Et il était grognon ?

— Oui !

— T'es nouille, Dominique ! L'homme voulait que tu lui dises que tu étais incapable d'avancer plus vite et que tu n'en revenais pas qu'il soit si rapide malgré tous les handicaps invoqués.

— Ben tant pis pour lui.

J'ai beau jouer les dures, je me sens un peu tarée. Ce qu'énonce Mishe n'est pas faux, mais je n'ai pas envie de me conformer à ce type de fantasmes masculins. Tant pis pour lui ou tant pis pour moi ? Le temps de trancher, je me défoule avec une barre de métal pointue empruntée à Peter Pan, piochant dans la terre de mauvaise qualité de ma plate-bande pour en extraire le rocher qui empêche mon hydrangée de s'épanouir.

— T'as pas parlé de la troisième fois, remarque Mishe tout à coup.

— C'était… bien. Très bien…, dis-je en souriant largement sans pouvoir chasser un air vaguement coupable de mon visage.

— OK. J'ai pas besoin de détails, rétorque mon amie en gloussant.

Mon père adorait nager de longues distances, ma mère avait aussi peur de l'eau que du feu et ma grand-mère maternelle n'utilisait jamais sa baignoire tant l'idée de tremper dans du liquide l'horrifiait. Au lieu de prendre un bain, elle prenait un lavabo.

Quand papa traversait un lac, mon frère et moi devions le suivre en chaloupe, question de sécurité. Un jour, mon père a fait une crise d'asthme dans l'eau. Mon frère et moi l'avons secouru. Dans les dix dernières années de sa vie, papa ne nageait plus qu'en piscine. Il y a franchi un kilomètre tous les jours jusqu'à sa mort, à quatre-vingt-cinq ans.

Les sauveteurs de la piscine ont assisté aux funérailles. Chaque fois que j'allais m'entraîner dans le couloir à côté de celui que mon père s'était choisi, lors de mes trop rares visites dans ma ville natale, le gardien de piscine en fonction me répétait combien ils s'étaient pris d'affection pour le gentil vieux monsieur qui venait tous les jours. Je pense qu'ils ont, comme nous, établi un lien entre l'annonce d'une longue fermeture de la piscine municipale et la mort de papa.

Mon père avait besoin de se dépenser physiquement. Pour remplacer son entraînement quotidien en natation durant les travaux de réfection majeurs à la piscine, il s'est mis à marcher, une bonne heure par jour, d'un pas ferme et rapide. Au troisième jour de cette nouvelle routine, alors que le mercure atteignait moins vingt, papa est rentré à la maison au bout d'une heure, sans faire de bruit. Le froid l'a-t-il atteint? A-t-il éprouvé une faiblesse, un étourdissement ou un autre malaise? Papa s'est étendu sur le sol à quelques pas de la porte d'entrée, les jambes bien droites, les bras collés le long du corps. Sa conjointe l'a découvert quelques instants plus tard, un infime sourire aux lèvres, calme et immobile, l'air serein. Mon père venait de s'endormir pour toujours.

Je songeais à lui alors que je traversais le lac de la maison des petits cochons pour la première fois tout en traînant ma bouée de triathlon, la plus formidable invention du monde en matière de sécurité aquatique. L'eau était délicieusement tiède, les lieux baignés de lumière et enveloppés de silence quand soudain, en passant du crawl à la brasse, j'ai découvert un huard à moins de cinq mètres, droit devant moi. Il me fixait de son œil rond, étrangement pénétrant. Je n'avais jamais pris conscience à quel point cet oiseau est énorme, son bec redoutable et sa beauté, pourtant toute de noir et de blanc, flamboyante. Sans doute avait-il toléré ma présence jusqu'ici parce qu'il n'avait jamais vu une bouée rouge vif remorquée par un casque de bain. Maintenant qu'il m'avait identifiée (humaine = danger), notre exceptionnelle proximité allait s'évanouir dans la nuit des souvenirs. D'une seconde à l'autre, il allait plonger, c'est sûr. Les huards ne se laissent pas approcher. Et pourtant, il me permettait d'avancer encore. Plus que trois mètres nous séparaient… Deux… Un.

Tout ce qui bat, court, remue et palpite en moi s'est arrêté. L'œil écarlate, liquide et brillant, me transperce, alors que mon propre regard me semble insuffisant pour admirer la blancheur immaculée du plumage aux reflets argentés et les tons chatoyants, superbement irisés de bleus, de mauves et de verts, des plumes sombres du huard, qui sont tout sauf simplement noires. Il est le roi du lac de la même manière que le lion est le roi de la jungle. Pour cause de majesté.

J'ose encore avancer d'un poil, comment résister, c'est trop merveilleux. L'eau tremble dans son beau regard d'encre et, brusquement, il disparaît. Grrrrr… Je m'en veux tellement d'avoir étiré ma chance. Chaque seconde de contemplation valait pourtant une fortune. J'y vais d'un sprint d'une centaine de mètres au crawl, puis j'esquisse quelques mouvements de brasse, le temps de reprendre mon souffle et de mieux repérer le quai de la maison aux volets rouges qui me sert de cible, lorsque je l'aperçois à nouveau, à trois coups de bras. Je m'immobilise et je l'admire tout mon saoul jusqu'à ce qu'il décide de me quitter… pour me rejoindre un peu plus loin, si bien que nous avons traversé le reste du lac ensemble.

Plus tard, Peter Pan m'a expliqué que cet oiseau était vraisemblablement un mâle et qu'il ne m'a pas suivie par amitié mais pour protéger la femelle qui doit couver leurs œufs quelque part en ce début d'été. Mes fantasmes de femme qui nage avec les huards à défaut de danser avec les loups ont pris une sacrée débarque.

Ce soir-là, alors que je me baladais avec Tim sur la route du lac, un jeune couple m'a accostée :

— Pardon… On peut vous demander… Est-ce bien vous qui nagiez avec le huard cet après-midi ?

Prise en flagrant délit de fausse représentation, je cherchais quoi répondre.

— C'était magnifique à voir ! Mais… vous n'aviez pas peur ? ont insisté mes très admiratifs interlocuteurs.

— Non…, ai-je admis piteusement. C'est lui qui avait peur de moi.

Ma brève aventure avec le huard du lac amuse Louis. Il est arrivé avec deux kayaks, le sien et celui de son ex-conjointe. Je le trouve particulièrement séduisant aujourd'hui et il me semble que nous formons un beau couple dans le silence de l'eau. Jusqu'à ce qu'il improvise une pause sur la plus petite île et qu'il en profite pour me parler des voyages qu'il ne peut faire à cause de Linda, la mère de sa fille. Les lamentations sur l'ex figurent au sommet du palmarès des sujets à éviter si l'on veut séduire. Afin d'échapper à ses confidences sur les détails financiers de leur divorce récent, je lance :

— L'aimes-tu encore ?

— Non, répond-il avec la même véhémence imprégnée de dégoût qu'il aurait manifestée si j'avais voulu savoir s'il aime la viande de bouledogue ou les sandwichs à la sangsue.

— Tu semblais pourtant dire que vous vous êtes quittés dans un climat de commun accord…

Il avait abordé le sujet à notre dernier rendez-vous d'une manière qui m'avait rappelé les paroles de *L'indifférence*, une chanson de l'opéra *Nelligan* :

Sans qu'on le veuille
Sans qu'on l'attende
On se détache et sans comprendre
Sans dire adieu et sans souffrance
On sent venir l'indifférence…

Visiblement, j'avais erré :

— Un homme cesse définitivement d'aimer une femme lorsqu'elle le saigne devant les tribunaux, tranche Louis.

J'aurais dû ne rien ajouter, ne rien questionner, me satisfaire du vent tiède et du vol des papillons parmi les fleurs sauvages sur les berges de l'îlet. Mais j'ai un don pour insister lorsqu'il faudrait abandonner.

— Comment peut-elle te saigner ? La loi est claire…

— Prendre la moitié de tout quand t'as contribué à moins du quart, j'appelle ça saigner.

Nous entrons en zone dynamitée. Un sursaut de sagesse me dicte de me taire. Trop tard…

— J'ai toujours travaillé et je gagnais beaucoup plus qu'elle. Elle avait juste à faire des études si elle voulait être plus riche. Ou travailler à plein temps au lieu de deux jours par semaine.

— Tu disais qu'elle avait réduit son horaire de travail pour s'occuper de votre fille. Et que vous étiez d'accord.

Pour toute réponse, il me toise. Son regard est cent fois plus sombre et inquiétant que celui du huard. Le retour en kayak s'effectue dans un silence devenu pesant. Alors que nous approchons de la terre ferme, l'homme ordonne, impérieux :

— Attends ! Ne bouge pas.

Le ton d'alarme me fait imaginer une attaque d'Iroquois ou un débarquement de Martiens.

— Une grosse araignée d'eau ! s'exclame-t-il. Sur le quai... Là !

J'éclate de rire.

— C'est OK. Je les ai adoptées. On est dans leur territoire. Une araignée, c'est pas pire qu'un papillon. C'est juste laid...

— Ça pique !

— Elles ne m'ont jamais rien fait...

Dans une position d'homme des cavernes, Louis élève son aviron au-dessus de la pauvre araignée d'eau, une bibitte plutôt répugnante effectivement.

— NOOOON !

Trop tard. L'aviron s'abat sur la bête avec suffisamment de force pour éclater, brisé en deux morceaux. Ma première pensée est pour la victime. Je soulève le bout plat de l'aviron ayant servi d'arme. Zéro pâté d'araignée dessous. Fiou! Le brave animal a fui à temps.

Les prunelles sombres de Louis rencontrent mon regard bleu. Je le fusille; il me défie.

— Je pense que je vais faire un bout…

Je ne réponds rien.

Les humains se révèlent au fil du temps, dans l'action, en situation. Tout le monde peut être charmant pas trop longtemps. Une pensée farfelue me traverse. Si j'avais vieilli avec Louis et que j'étais devenue répugnante avec des longs poils et des verrues et des crevasses un peu partout, m'aurait-il écrasée, moi aussi?

Cricri avait dit: «Ce qui t'a agacée au premier rendez-vous, c'est ce qui risque de te rendre folle…»

Et j'avais répondu que je trouvais Louis «pragmatique coincé, un peu sec et… ennuyeux». En ajoutant que c'était peut-être de la timidité.

Je ne le crois plus.

*C'*est arrivé cinquante-trois jours après mon acquisition de la maison des petits cochons. J'étais en voiture, je venais tout juste de terminer une formation en plongée au lac Saint-Louis et je me dirigeais vers Montréal pour y passer quelques jours à régler différents dossiers quand mon cellulaire a sonné.

— Papa est mort, m'a annoncé le plus jeune de mes fils.

Je m'étais rangée sur l'accotement à la demande de mon enfant avant qu'il me livre la nouvelle. En reprenant l'autoroute, je n'ai pas réfléchi. C'était comme dans la chanson de Dubois: «Je dois retourner vers le nord». Dans ma tête, j'ai remplacé la suite, «L'un de mes frères m'y attend», par «Ma maison m'y attend». D'instinct, sans hésiter, je me dirigeais vers mon chalet chéri. C'est là que je souhaitais me terrer, lécher mes plaies, bercer ma peine. À compter de cette date douloureuse, un lien unique nous a soudées, ma petite maison et moi. Il me semble encore aujourd'hui qu'aucun autre lieu au monde n'aurait pu m'accueillir avec mon chagrin. La maison des petits cochons était déjà un refuge, ce jour-là, j'ai eu l'impression qu'elle devenait vivante. Bien plus qu'un bâtiment, qu'un territoire ou qu'un lieu choisi, elle serait désormais mon âme sœur, mon amie. L'aurais-je autant aimée si le père de mes enfants n'était pas décédé? Aurais-je pris les mêmes décisions plus tard? Comment savoir?...

Les premiers jours de deuil restent enduits de brouillard. De grands pans de souvenirs se sont envolés. Le cœur a ses raisons et aussi sa façon. Je sais que je suis restée tapie dans mon chalet, osant à peine sortir pour acheter des pizzas congelées et des biscuits à la mélasse au dépanneur parce que j'attendais impatiemment des nouvelles de fils numéro un parti en expédition de canot sur une lointaine rivière avec des copains. J'avais utilisé toutes mes ressources d'ex-journaliste d'enquête pour le joindre. Sans succès. Il ne me restait plus qu'à attendre en priant le ciel pour qu'il n'apprenne pas la nouvelle de manière brutale, pour que je puisse moi-même lui livrer le terrible message enveloppé d'amour et de tendresse.

Deux fois par jour, je courais avec Timothée jusqu'au dépanneur du lac pour prendre des provisions. On aurait dit que je ne parvenais plus à me projeter suffisamment loin dans l'avenir pour anticiper que j'aurais besoin de me sustenter à nouveau dans six ou huit heures. J'achetais à la miette.

Le dépanneur du lac est le mini commerce le plus bric-à-brac, le plus improbable, le plus laid et le plus sympathique qu'on puisse imaginer. Étrange croisement entre une maison non finie, un chalet déglingué et un dépanneur tout sauf traditionnel, on y vend comme ailleurs de la bière, des cigarettes, des bonbons en vrac, des chips, de la crème glacée et des boissons gazeuses. Une loi non écrite semble stipuler qu'outre le lait, ce commerce ne peut rien offrir qui serait inscrit dans le guide alimentaire du pays. Tenu par une famille et ses nombreux amis, on y sert dans la bonne humeur, et parfois en pyjama, du café gratuit, des anecdotes et des mots gentils de l'ouverture à la fermeture. Un immense tableau d'affichage permet à quiconque le souhaite de vendre, d'offrir ou de réclamer ce qui lui chante. L'espace central du commerce est occupé par un immense étalage de croustilles de toutes les saveurs possibles mais à la pomme de terre obligatoirement. Ici, on ne tolère pas les simulacres à la betterave, à l'edamame ou au pita. Au bout de cette voie principale, le dépanneur se transforme en friperie, jouxtant un minuscule club vidéo et un poste Internet gratuit. Dehors, derrière la porte tout au fond, une vaste cour encombrée accueille les artistes du coin souhaitant se produire en spectacle. Les fonds doivent nécessairement être versés à des organismes dans le genre Club des petits déjeuners ou programme pour la préservation du lac.

Au deuxième jour après l'annonce de la mort de l'homme qui fut longtemps mon compagnon de vie, Bob est venu me rendre un précieux service : « gardienner le téléphone ». C'est en ces mots que je lui ai fait la demande, avant d'expliquer que le père de mes enfants était décédé, que j'attendais un appel de mon fils aîné et qu'en l'absence d'une boîte vocale, j'avais désespérément besoin d'une vraie personne. La présence de Bob me permettrait de traverser le lac à la nage pour évacuer un peu de tension. J'espérais apercevoir le huard, même de loin, mais il est resté invisible. Dégoulinante d'eau et hors d'haleine, je rejoins Bob, qui m'annonce que le téléphone est resté muet.

— Tu me donnes encore cinq minutes? Je cours prendre du lait au dépanneur.

— Prends tout ton temps. Je peux rester…

L'employée du moment, c'est la fille aux longs cheveux châtains garnis de billes de céramique. Une amie de la famille, toujours occupée à rêvasser en jouant les DJ avec le vieux système de son, un sourire et une chanson au bord des lèvres.

— Ça va? demande-t-elle alors que je dépose le carton de lait sur le comptoir.

Elle a prononcé ces deux mots de cette voix toute particulière qu'ont ceux qui, même ainsi, publiquement, posent de vraies questions. Elle ne répète pas simplement une formule de politesse. Elle *veut* savoir. Et son regard s'accorde à son ton.

Je farfouille au fond de mon sac à main en quête de sous. Mon silence ému en dit sans doute plus long que n'importe quelle explication. La douceur de cette jeune femme, son authenticité réconfortante et ce rare parfum de simple bonté qu'elle dégage font monter un sanglot dans ma gorge. Je le ravale en murmurant ce qui ressemble à un remerciement, prête à m'éclipser, mais la jeune fille me retient en posant délicatement une main fine sur mon bras.

— Attends… J'ai quelque chose pour toi, dit-elle.

Moins de deux minutes plus tard, elle revient avec un bracelet de cordelettes multicolores tissées orné de perles de céramique.

— Je l'ai fait ce matin sans savoir pour qui. Maintenant, je sais. C'est pour toi.

Elle s'approche, calme et sûre d'elle, aussi gracieuse qu'une fée, et dépose le bijou dans la paume de ma main avant de glisser :

— À demain…

À mon retour, Bob est tout chose.

— Il a téléphoné ?

Mon ami acquiesce.

— Il ne sait rien, me rassure Bob. Il vient tout juste de sortir son canot de la rivière… Il va rappeler dans…

La sonnerie retentit. Bob s'éloigne discrètement.

Au moment de replacer le combiné, mes larmes jaillissent enfin. J'ai droit à ma propre peine après avoir pris soin de celle des miens. Je m'écroule dans le canapé rouge et je pleure. Longtemps. Sans bruit. Dans le silence de ma solitude choisie.

J'ai besoin d'être seule pour mieux laisser couler mon chagrin et retrouver en pensées l'homme que j'ai aimé et auprès de qui j'ai vécu tant de moments marquants.

Je me dis seule, pourtant, ma petite maison me semble plus que jamais habitée. Comme si des créatures d'un autre monde, elfes, gnomes ou lutins, veillaient clandestinement sur moi en partageant mon chagrin.

Le père de mes enfants n'aurait pas aimé la maison des petits cochons. Je crois même qu'il l'aurait détestée. Ça me fait sourire d'y songer. Je ne lui en veux pas. Après quelques épisodes dignes du film *The War of the Roses* aux pires moments avant le divorce, nous avions finalement compris que l'union de deux êtres admirables pouvait ne pas être glorieuse. Pour s'aimer longtemps, pour être plus beaux à deux, pour être heureux, il faut davantage. Et nous ne l'avions pas.

Mon ex-conjoint ne croyait pas aux petits êtres féériques. Réaliste fervent, il aimait ce qui est pratique, solide, stable et vérifiable. Jamais je ne pourrais lui reprocher de ne pas accepter comme vrai qu'une maison puisse avoir une âme. Je sais qu'il m'a aimée follement, lutins et elfes compris, ému par nos différences, même si, pour l'un comme pour l'autre, elles pouvaient devenir insupportables.

Il m'en a quand même voulu jusqu'à la toute fin, jusqu'au terrible accident qui l'a arraché à nous, d'avoir choisi de m'éloigner de lui. Je voudrais lui demander pardon. Non pas de ma décision mais du fait qu'il en ait souffert. J'aime-rais qu'on se réconcilie tout à fait, dans un espace commun de tendresse à défaut d'amour et qu'il m'entoure une der-nière fois de ses bras chauds qui portent son parfum avant de me murmurer à l'oreille qu'il comprend.

Cette scène n'aura jamais lieu. J'ai beau sonder le silence et fouiller l'espace autour de moi, mon ex-compagnon de vie ne semble pas en mesure de m'adresser le signe qui traduirait sa présence. Autour de moi, les murs de la mai-son des petits cochons me soufflent que ce n'est pas un désaveu. Que ce que nous avons été repose en paix avec lui. J'aimerais y croire, mais je n'y arrive pas tout à fait. Soudain, un cri à soulever le toit des maisons fracasse le silence. Ce son tout à la fois me transperce et me transporte, me secoue et m'enveloppe. C'est l'appel du huard, celui du soir, le long cri d'amour et d'espérance poussé par le mâle qui, de loin, signifie à la femelle sa présence.

C'est presque toujours grâce aux mots que je me réconcilie avec la vie. Les mots lus et les mots écrits. Après
la mort du papa de mes enfants, une fois les vannes ouvertes,
j'ai eu peur de me noyer dans un océan de chagrin.

Un matin, j'ai ouvert mon ordi, j'ai créé un nouveau
document et j'ai laissé mes doigts courir sur les touches.
J'aime répéter que le plus important dans un projet d'écriture, c'est l'avant. Les longues rêveries, les recherches, les
essais, les fiches de personnages, les notes comme si on
partait en voyage… Cette fois, je n'ai rien fait. J'ai sauté,
sans parachute, sans filet, en ne me souciant pas de ce qui
pouvait arriver tant l'urgence de dire m'étreignait.

Dire le chagrin. L'expulser. Avec une histoire. Une histoire… pour enfants. Oui, c'est ça.

C'est l'histoire d'un ours, ai-je tapé sur mon clavier, surprise par les mots qui apparaissaient à l'écran. Sur un petit
rocher, au bord du lac, une grenouille a salué ma première
phrase d'un cri rauque. Alors, j'ai poursuivi. *C'est l'histoire
d'un ours triste.* Une simple phrase suffit parfois. J'étais
déjà cet ours.

J'ai écrit toute la journée. À petits coups, comme si j'étalais des couleurs sur une toile. Abandonnant cent fois mes pinceaux pour chercher la suite, changer trois mots, en ajouter deux, arroser les fleurs, nourrir les oiseaux, lancer un jouet à Timothée.

Le soleil tremblait à l'horizon quand j'ai senti que l'histoire était terminée. *C'est l'histoire d'un ours* raconte comment un animal de zoo, prisonnier d'une tristesse trop grande, même pour lui, réussit à s'échapper grâce à un livre. En fin de journée, au moment de taper le point final, je ne savais pas si cette histoire rejoindrait un jour des enfants et aussi, comme je l'espère toujours, des grands. Mais je savais que ces heures d'écriture m'avaient réconfortée. Grâce à elles, comme l'ours, je respirais mieux. Les mots m'avaient un peu guérie.

L'été s'est pleinement déployé à la maison des petits cochons. Le myosotis, puis les pivoines, l'hémérocalle, le cosmos, le géranium plus rouge que mon canapé, l'iris violet, les gracieuses astilbes et les boutons de l'hydrangée qui promettait d'être bleue m'ont fait oublier que j'habitais une maison dont les murs, les soirs d'orage, me semblaient en carton et les bardeaux du toit frisaient sous la pluie.

Nourri de grand air, excité par les marmottes, les grenouilles, les canards, les geais et le gros matou jaune qui vient jusque sur notre balcon pour l'embêter, Timothée est passé de chien domestique à bête sauvage. Grâce à lui, j'ai fait connaissance avec tous les utilisateurs du quai communautaire ainsi qu'avec de nombreux résidents du «bassin versant», ce qui, en jargon écologique, désigne l'ensemble des citoyens qui n'habitent pas trop loin du lac. En digne chien affreusement mal élevé, Timothée court et jappe après tout ce qui se déplace, y compris, bien sûr, les humains, ce qui m'oblige à quitter mes personnages mille fois par jour pour le gronder.

Je pourrais l'attacher. Mais chaque fois que je m'y résous, il me fait le coup du chien qui fait atrocement pitié, un vrai numéro de publicité pour la SPCA! Lorsque cet animal de deux kilos joue les martyrs, aplati sur le sol dans une posture exprimant tout le désespoir du monde avec des trémolos dans la gorge, c'est totalement impossible d'écrire. Alors, inévitablement, je finis par le libérer et, du coup, il redevient redoutable. J'en étais venue à craindre qu'un bon matin, un huissier me tire du lit avec ordre de quitter les lieux pour cause de spoliation de la quiétude d'autrui lorsqu'une résidente du bassin versant m'interpelle du quai. Je la reconnais. Son nom? Ann Tranquille! Une jeune femme effacée, adepte de yoga et de méditation et grande utilisatrice du quai communautaire.

— Je peux m'en occuper si vous voulez, offre-t-elle.

Quoi? Elle me propose de garder mon petit monstre? Pour en cachette lui tordre le cou ou le faire rôtir?

— J'allais faire le tour du lac à pied. Ça me ferait plaisir de le promener. Vous seriez en paix pour écrire…

Si je m'écoutais, je l'embrasserais. Mais puisqu'on n'a jamais échangé plus de trois mots avant ce jour, je me garde un peu de réserve, histoire de ne pas l'effaroucher, en me contentant d'accepter avec gratitude.

— Natalie!

— Toi! Qu'est-ce que tu fais ici?

Elle n'a pas changé une miette. Toute petite, l'œil espiègle, du rire plein la voix, vive et exubérante, une véritable bombe-boîte-à-surprises mesurant cinq pieds et un demi-poil.

— J'habite ici. Là…, dis-je en désignant la maison des petits cochons derrière le vieux pin.

— Pas vrai! Je suis en haut de la côte, à cinq cents mètres de chez toi. Vue sur le lac et accès à l'eau grâce au parc écolo!

Elle partait naviguer avec sa planche et un aviron. J'allais traverser à la nage en plongeant du quai communautaire. Je laisse tomber ma bouée, elle, son matériel nautique. Trois heures plus tard, on bavarde toujours sans qu'aucun silence de plus de deux secondes ait réussi à s'immiscer entre nous.

— Tu vis seule?

— Avec Timothée…

— Le petit chien qui se prend pour un gorille? (Rires.) Moi aussi, j'ai un conjoint sur quatre pattes. Un chat de dix-huit ans qui requiert trois injections d'insuline par jour. J'ouvre aussi ma porte aux bipèdes masculins, mais ils ne restent jamais longtemps. Je suis trop malcommode! (Rires encore plus nourris.)

— Tu travailles toujours à la télé?

— Je réalise, maintenant. Des documentaires surtout. Mon dernier passe la semaine prochaine… Et toi ? Tu écris encore ?

— Je ne sais rien faire d'autre !

Ann nous rejoint au quai avec Tim la Terreur au moment où Pierre descend la rue cachée à vélo. Je propose qu'on déménage dans mon abri moustiquaire pour une bière. La sonnerie du téléphone se fait entendre au moment où j'entre. Cricri, en congé de Roméo, se demande ce que je fais. Je songe tout à coup à Mishe et à Bob, que je n'ai pas vus depuis trop longtemps déjà. Ma réponse fuse :

— Une soupe au clou !

— Qu'est-ce que c'est que ça ?

— Tu sauras sur place.

— Je peux apporter quelque chose ?

— Ce que tu veux.

Les autres m'ont entendue et, bien sûr, ils veulent savoir.

— La soupe au clou, c'est un livre écrit à partir d'un vieux conte.

— Et ça raconte quoi ?

— Il existe plusieurs versions. Dans ma préférée, un loup sans le sou, pas méchant mais un brin fripon, frappe à la porte de la maison d'un petit cochon.

— On la connaît, cette histoire ! proteste Peter Pan.

— Non. C'est une autre… Ce loup n'a pour toute possession qu'un vieux clou rouillé dans sa poche. Il propose au cochon de lui préparer une soupe au clou en s'exprimant d'une manière telle que le cochon accepte.

— Je m'en souviens! s'exclame Natalie. Le loup s'installe dehors et les passants, curieux, lui demandent ce qu'il cuisine. Le loup répond : « une soupe au clou », en jurant que c'est excellent. Il en profite pour glisser qu'avec un peu de sel, une branche de céleri, une carotte ou un os… c'est encore mieux.

Quelques heures et plusieurs bouteilles plus tard, nous sommes huit amis réunis devant un festin improvisé. Les voisins de Nat nous ont rejoints. Gilles est pilote d'avion. Il traverse le lac, comme moi, mais avec une bouée gonflable qu'il trimballe partout avec lui en voyage. Génial! Rémi, son conjoint, est massothérapeute.

— Si jamais tu as des techniques à perfectionner, je suis un excellent cobaye, lance Christiane en lui adressant un clin d'œil comique.

— La prochaine fois, j'apporterai ma table, répond Rémi. Si vous me donnez congé de vaisselle, j'offrirai des mini massages gratuits.

Cette première fois, des pâtes ont remplacé le clou à titre d'ingrédient de base. Chacun y a ajouté un aliment de son choix. Défense de courir à l'épicerie, elle est située beaucoup trop loin de la maison des petits cochons. On se débrouille avec ce qu'on a. Ce soir-là, sans même en discuter, sans nous en apercevoir, nous avons réécrit la recette comme c'est coutume de le faire dans chaque version du conte.

Soupe au clou de la maison des petits cochons

Ingrédients :

- six amis ou plus
- des pâtes, du pain, du couscous ou du riz
- une contribution simple, inusitée ou inventive, par convive
- ceux qui n'apportent rien sont tout aussi chaleureusement admis

Mode d'emploi :

- on réunit le tout
- un ou deux volontaires donnent des ordres et fouillent dans les armoires pour ajouter du goût
- on arrose abondamment de vin
- on assaisonne d'histoires et de rires
- on déguste jusqu'à plus faim

L'été s'est étiré, étonnamment chaud, paresseux et gai. Les bébés huards sont passés de boulettes laides à plongeons vénérables. Le vieux pin a pleuré presque toutes ses aiguilles tant la pluie fut rare et le myriophylle s'est répandu comme la misère sur le pauvre monde.

Les deux tortues ayant élu domicile sur la grosse roche près du quai se sont habituées à moi jusqu'à venir me toucher du bout de leur petit nez. Timothée est tombé follement amoureux d'une chienne chihuahua de la même taille que lui, bouleversant ainsi l'échiquier social de la rue cachée. Naya étant l'animal de compagnie de la fille d'une des sœurs, j'ai ainsi gagné le droit de m'établir au pied de la rue cachée. Fini mon statut d'intruse. Je fais désormais partie de la famille.

Mon vieil ami Dgépi m'a fait cadeau du pédalo que son riche voisin au lac Memphrémagog allait balancer à la casse. Grâce à cet engin, je peux désormais traverser la ceinture d'algues sans me faire chatouiller, attacher mon embarcation au quai flottant communautaire tout neuf installé au milieu du plan d'eau et nager jusqu'à épuisement en toute liberté.

Peu à peu, les nuits ont fraîchi et les cigales se sont tues. Des centaines de bernaches ont entrepris leur courageuse traversée du continent en s'arrêtant devant la maison des petits cochons, un peu pour se reposer, mais peut-être aussi, j'aime le penser, pour me saluer.

Ne pouvant me résoudre à transporter ma chaise de travail à l'intérieur, j'ai acheté une lampe chauffante facile à installer (quatre vis!) afin d'amorcer un nouveau roman, pour adultes cette fois, sur la véranda. Puis, dans une ultime tentative de résistance, j'ai fait l'acquisition d'un costume de femme-grenouille. Au prix d'une ridicule séance de tortillage chaque fois qu'il faut l'enfiler, cette carapace de caoutchouc m'a permis de nager dans un décor de feuilles rouges et dorées jusqu'à ce que le mercure chute suffisamment pour que je range ma bouée.

L'hiver a profité d'un de mes courts séjours à Montréal pour s'installer. Bob a organisé une première sortie en montagne, aussi suis-je arrivée à la maison des petits cochons tard un vendredi soir avec tout ce qu'il faut pour profiter de la nouvelle saison : bottes, raquettes, skis de fond, bâtons, peaux de phoque, petits et gros crampons. Le silence étoilé m'a surprise. En insérant la clé dans la serrure, j'éprouve un étrange pressentiment. Trois secondes plus tard, je découvre la maison des petits cochons en parfait état. Fiou!

Jusqu'à ce que j'ouvre un premier robinet… Rien. Zéro eau. Puis un deuxième. Re-rien. Et soudain, pchhhhhhhtttttt! Le déluge. Un tuyau de cuivre exposé a explosé. L'eau jaillit comme d'un pistolet arroseur en mode douche.

— Ferme la valve maman! commande fiston numéro deux à l'autre bout du fil.

— Quelle valve?

— Au sous-sol… Cours… Longe le mur… Tu vas trouver l'entrée d'eau.

Comme disait ma grand-mère: «Quand ça tombe, ça tombe!» La porte du sous-sol n'ouvre plus. La serrure est gelée ou le panneau coincé. Je me souviens d'avoir vu une vieille trappe! Sous le lit d'appoint dans la chambre bleue.

Bouge le lit, ouvre la trappe, descend l'échelle de bois, trouve le bouton pour allumer l'unique ampoule éclairant le sous-sol de service. «Longe le mur, maman…» Mais *quel* mur? J'aurais besoin d'une lampe de poche. Je note dans ma tête au passage: acheter une lampe de poche. Au plus sacrant.

On n'y voit rien ici. Tant pis. Réfléchis, ma chérie! Quel mur? Celui le plus près du puits commun. Oui! C'est ça. Et voilà! J'aperçois un tuyau de cuivre muni d'une rondelle rouge, le genre de truc qui s'ouvre et se referme à la manière d'un robinet.

J'essaie de le tourner dans un sens. Puis dans l'autre. L'infâme machin ne tremble même pas. J'imagine mon plancher de bois inondé. Mon plancher de bois pourri. Et soudain, je me sens devenir Popeye, le héros des dessins animés de mon enfance, celui qui n'avait qu'à avaler une boîte d'épinards pour devenir invincible.

J'avale une boîte d'épinards invisibles, je canalise toutes mes nouvelles forces surnaturelles dans mon bras droit et… je réussis à fermer la maudite valve.

— Guy?

— Oui…

— Tu dormais?

— Non… Qu'est-ce qui se passe?

Crotte! J'inspire, j'expire. Je passe une main sur mon visage comme font les mimes pour changer d'expression.

— Youhou… Es-tu toujours là?

Je ravale un hoquet. J'ai réussi à ne pas… Et puis non. C'est raté!

— Tu pleures?

Guy, c'est le meilleur copain de Rock depuis toujours. Nous avons formé un couple l'espace de quelques mois jusqu'à ce que son ex de longue date rapplique en promettant mer et monde et que je débusque une lueur d'hésitation au fond du regard de mon nouvel amoureux. Depuis, nous sommes amis. Pour le meilleur et pour le pire, jusqu'à ce que mort s'ensuive.

En plus d'être un ex-amoureux-devenu-très-proche-ami, Guy est entrepreneur en réfrigération. En gros, ça veut dire qu'il est tout à la fois mécanicien, soudeur, électricien et plombier. Et Suzanne, la vraie femme de sa vie, rencontrée il y a quelques années, n'a jamais imposé de frein à notre amitié. C'est ainsi que, pendant que je grimpais la montagne Noire avec Bob et compagnie, Ti-Guy a refait la tuyauterie de la maison des petits cochons.

Le lendemain, fiston deuxième m'a offert une inspection de chalet avec document à l'appui en guise de cadeau d'anniversaire. À croire qu'il savait ce qui m'attendait, mon chéri rejeton vient tout juste d'obtenir sa certification d'inspecteur en bâtiments.

— Ça dit quoi, ce document ? s'inquiète Cricri.

— Des horreurs.

— Genre ?

— Le toit est à refaire, le panneau électrique à remplacer, la moitié des fenêtres à changer, c'est mal isolé, pas calfeutré…

— Bof… C'est un chalet.

— C'est exactement ce que je me dis !

Dans ma petite tête, je songe : je t'adore Cricri !

— Alors, ça va ?

— C'est pas tout… Fiston a décelé des fissures dans la fondation.

— J'en ai déjà eu, moi aussi, répond mon amie comme s'il s'agissait d'une sorte de bouton ou d'infection.

— Je veux bien, mais il y a pire…

(Silence.)

— Le mur à l'avant, du côté du lac…

— Ouais…

— Il penche.

(Silence.)

— Fiston dit qu'il ne faut pas paniquer, que, de toute manière, je dois attendre au printemps pour demander des expertises. Mais ça pourrait être le signe d'un problème majeur.

J'entends Christiane déglutir en même temps que moi à l'autre bout du fil.

— Ça, j'avoue que c'est moins bon, disons…

— Mon fils pense comme toi.

*S*on regard est aussi bleu que dans mon souvenir. Ses gestes, toutefois, me semblent plus lents, comme si des poussières de seconde s'inséraient entre chaque mouvement. Lili a maigri. Sa tunique ample, d'un rose très pâle, dissimule les contours de sa silhouette élancée, mais, dans son visage encore lumineux, les joues se sont creusées et la peau finement ridée semble amincie et plus diaphane. Je devrais lui demander ce qui lui est arrivé au cours des derniers mois. Sa voiture n'était jamais garée derrière la haute haie de cèdre et, le soir, aucune lumière n'éclairait sa maison. Quelque chose dans l'attitude de Lili m'incite cependant à ravaler mes questions et à me satisfaire du moment.

Son salon fleure bon la lavande. Elle nous a servi une tisane vanillée accompagnée de petits fours du commerce : de minuscules sablés découpés en cœur et fourrés à la crème de noisette. Timothée dort, ses deux kilos enfoncés dans l'épaisse moquette aux pieds de Lili. Même si nous avons à peine échangé trois paroles, j'ai l'impression qu'elle va bientôt imiter mon chien.

— Saviez-vous que j'ai déjà habité chez vous ? demande-t-elle plutôt.

Elle rit de me voir étonnée.

— Un an. Quatre belles saisons. Nous étions cinq là-dedans. Ma mère, ma tante, mes deux sœurs et moi.

— Cinq ?! Où dormiez-vous ? Les deux chambres sont minuscules !

— C'était excellent pour se tenir au chaud en février, se souvient-elle, du sourire plein la voix. J'avais dix ans…

Je pourrais lui dire qu'il fait encore froid l'hiver dans cette petite maison dont les murs semblent en carton, mais je ne veux pas briser le fil de ses pensées.

— On m'a raconté que la couleur des murs n'a pas changé. Les propriétaires ont compris d'instinct que cette maison avait une histoire… Dans quelle chambre dormiez-vous ?

— La jaune.

— Ma préférée ! J'ai écrit, moi aussi, dans cette maison. Des débuts de romans, des lettres, un journal, des poèmes… J'y ai été heureuse, malgré tout…

Son regard valse lentement entre les murs du salon alors que des images du passé affluent. Ma présence ne semble pas la gêner. Je me demande si à cette époque les souris affamées dévoraient en cachette le plastique des contenants de nourriture, la cire des bougies et jusqu'aux poignées des chaudrons au fond des armoires comme elles le font depuis mon arrivée. Si le soleil était aussi éclaboussant aux premières heures du matin. Si la mère de Lili ou sa tante nourrissaient les mésanges, les geais, les sittelles et les pics, qui semblent s'attendre à ce que quelqu'un remplisse les mangeoires. À croire que d'un règne à l'autre, malgré les changements de propriétaires, les oiseaux n'ont jamais manqué de graines de tournesol noir, de chardon ou de maïs. J'aurais aussi voulu savoir ce qui avait chassé Lili et les siens de ma petite maison dont elle parlait avec tant d'affection. Et ce que signifiait le « malgré tout » suggérant que son bonheur s'était effrité au cours des saisons dans la petite maison de la rue cachée.

Le mystère est resté entier. Après ces quelques confidences, Lili n'a plus parlé, apparemment satisfaite de rêvasser à mes côtés.

En moins de vingt-quatre heures, le Grand Orchestrateur a redessiné trois fois le paysage autour de la maison des petits cochons. Tempête de neige. Mousse à barbe à perte de vue et excitation insondable dans l'air. Une première averse de flocons, même en ville, c'est magique. Ici, c'est fantastique. Pas seulement dans le sens de formidable, d'épatant ou de splendide. Lorsque des cristaux tombent à plein ciel au pied de la rue cachée, on navigue dans un décor surnaturel, là où réalité et merveilleux se confondent jusqu'à ce qu'on ne sache plus les distinguer.

Ça, c'était hier matin. Après vint la misère. Le blanc tapis a fondu en quelques heures, remplacé par la gadoue, la bouette, la neige sale, l'eau brune. C'était suffisamment laid pour couper l'appétit aux oiseaux. Ils sont restés tapis dans leurs nids toute la journée pendant que leurs graines se gorgeaient d'humidité. En soirée, comme pour se faire pardonner, le ciel s'est peuplé de papillons blancs. Ou peut-être d'étoiles volantes. Une fine pellicule immaculée est venue camoufler la fange.

À mon réveil, j'étais prête à tout. Pluie, neige, grésil… Me voilà plongée dans la forêt d'hiver de *Camelot*, ce bon vieux film d'amour et d'épée. Pendant la nuit, il a neigé encore, puis les cristaux ont fondu, juste avant qu'un grand froid givre tout. Plus féérique, tu meurs! Une délicate membrane de glace aux reflets d'argent recouvre chaque minuscule portion du paysage. Depuis les hautes herbes et les fines feuilles des buissons au bord du lac jusqu'aux branches nues des arbres géants, sans négliger un centimètre du tapis blanc. Tant de beauté me laisse le cœur tremblant et la gorge nouée. C'est alors que j'éclate de rire en voyant Timothée s'entraîner aux grands écarts, ses quatre pattes fuyant chacune dans une direction différente tandis qu'il tente de courir puis simplement d'avancer sur la neige traîtreusement recouverte d'un invisible enduit glissant.

À midi, je constate qu'il m'est impossible de sortir. Trop trop glacé. Téléphone au déneigeur.

— Vous voulez du sable? Pas de problème. C'est deux cents dollars. Comptant.

— C'est une rue… commune…

— Ouais, mais les autres veulent pas sabler.

— Ils font quoi?

Le déneigeur, un grand fouet barbu venu me récolter la moitié de la facture annuelle deux semaines plus tôt, éclate de rire. Cette sorte de rire pas sympathique pour un sou de ceux qui s'amusent des ennuis d'autrui.

— Ils ramassent la cendre du foyer pendant des semaines et des semaines pour la garrocher sur la glace. Ça marche… à condition de pouvoir prendre un bon élan avant de monter la côte.

Et comme par hasard, la maison des petits cochons est ainsi située que, de tous les résidents de la rue, je suis la seule à ne pas pouvoir prendre mon élan.

— Tu veux de la soupe maison ? Et un reste de pâtes gratinées ? J'arrive…, promet Natalie, mise au courant de mon statut de prisonnière du royaume de glace.

Heureusement, le roman auquel je travaille me captive totalement. J'en oublie le temps, si bien que chaque fois que Timothée manifeste un besoin légitime, je suis surprise de constater que le temps a si rapidement filé. Idem lorsque le téléphone sonne.

— Tu devais te demander ce que je faisais…, commence Natalie, de retour à l'autre bout du fil.

Un coup d'œil à l'horloge de la cuisinière m'informe que plus d'une heure s'est écoulée depuis que Nat a quitté sa maison à deux cents mètres de la mienne pour venir me porter à manger.

— C'est impossible de descendre chez toi à pied sans se tuer ! déclare-t-elle sur un ton de catastrophe. Même avec des semelles cloutées ! Tu sais, les trucs qu'ils vendent partout ? Ben, j'en ai. Ça marche d'habitude. Sauf chez toi… J'ai essayé trois fois.

— Arrête de jouer au Chaperon Rouge. C'est pas grave. Il me reste du pain, de la confiture, du beurre, de l'huile et des pâtes. Je peux tenir une semaine avec ça.

Je suis restée deux jours enfermée. À écrire et à épier les voisins. On se croirait dans *Les filles de Caleb* ou *Un homme et son péché*. J'ai vu les beaux-frères répandre la cendre, puis les braves petites voitures attaquer la côte de la rue cachée, grimpant, dérapant, redescendant. Une autre chaudière de cendre et hop ! le petit Everest est vaincu. Malheureusement, même en grattant les coins, j'ai à peine réussi à récolter quelques tasses de cendres refroidies au fond de mon poêle à bois. Ça m'apprendra à jouer les madame Blancheville ! Il me faudrait de pleines chaudières de poussière de bois brûlé pour tapisser les cinquante mètres isolant la maison des petits cochons des autres habitations.

Je ne pouvais qu'espérer un redoux ou une tempête. Le mercure est resté stable mais il a fini par neiger. Dix centimètres. Assez pour obliger le déneigeur à nous visiter. J'en profite pour faire une longue liste d'épicerie. J'ai l'impression d'avoir vécu dans un abri anti-bombes pendant des semaines tant mes envies de poulet rôti, de crevettes à l'ail, de salade croustillante et de soupes odorantes me font saliver.

— Timothée?

La bête répond en remuant les deux oreilles, tout ouïe.

— Au diable les croquettes. Ce soir, on fête! Je t'achète du petit mou. Poulet ou agneau?

Tim bondit et agite sa queue à toute vitesse. J'aurais dû m'en douter: il veut les deux.

— Aux fiers résidents de la Vallée du bonheur! propose Natalie en levant son verre de pinot noir.

Je me contente de frapper mon verre contre le sien, encore incapable de sourire, mais ça s'en vient.

— J'ai pris des photos, annonce mon amie. C'était une vraie scène de film!

— Quand le déneigeur a été incapable de remonter la côte avec sa grosse machine?

— Mieux que ça, ma chérie. J'ai croqué *la* scène. Quand un de tes voisins, qui n'avait pas vu la souffleuse en bas de la côte, a amorcé sa descente, s'est mis à déraper sur la glace sous la neige et est entré en collision avec le chasse-neige.

J'éclate méchamment de rire en me remémorant l'anecdote.

— Mais le meilleur, c'est quand le déneigeur a engueulé le voisin comme si c'était de sa faute. Je l'ai en vidéo! Sauf que mon cell a sonné à ce moment-là et j'ai dû rentrer travailler. Tu peux me raconter la suite?

Un grand fou rire me secoue. Je revois l'arrivée du remorqueur avec son engin à dix-huit roues. J'essaie de faire le récit de l'opération à Natalie, mais elle n'en attrape que des bribes tant je suis hilare.

— Le… le… le plus drôle… c'est que tous les voisins se sont mis à pelleter du sable… Le remorqueur n'en revenait pas. Comme si ça pouvait marcher. Du sable… pis… pis… de la cendre pour dépanner un mastodonte.

Je cale mon verre en tentant de reprendre mon sérieux. Trop tard. Natalie a attrapé mon fou rire. Pendant que des larmes roulent sur nos joues et qu'on ne peut même plus se regarder sans s'esclaffer, une pensée moins rigolote me traverse l'esprit. Un énième problème s'ajoute à la liste des mauvaises surprises répertoriées par fiston lors de son inspection de la maison des petits cochons: j'habite au bout d'une rue quasiment impraticable une bonne partie de l'hiver.

*P*eter Pan prononce la phrase qui tue :

— C'est quand même fou de quitter son mari pour s'enfermer seule ensuite !

Heureusement, le sentier étant très à pic, Pierre est trop essoufflé pour poursuivre son discours. Derrière nous, Mishe et Bob progressent à peine plus lentement, suivis des autres skieurs. J'ai presque envie de ralentir pour éviter les prochains commentaires de Peter Pan sur ma vie sentimentale désertique. Depuis que môssieur a une blonde, il veut matcher tout le monde autour de lui.

Bob nous a tricoté un parcours qui traverse deux lacs et longe une rivière. Trois petites lettres inscrites sur des plaques de métal clouées aux arbres à intervalles réguliers me taquinent l'esprit depuis le début du sentier. *MOC.* C'est en finissant de dévaler ce qu'on vient de grimper, juste après avoir évité de justesse un arbre planté au bord d'un tournant en épingle, que la mémoire me revient avec tellement de force que j'échappe un cri. Alerté par ce bruit, Peter Pan m'attend dans une forêt de bouleaux.

— Qu'est-ce qui t'est arrivé ?

Je suis encore remuée par ma découverte. La synchronicité des faits me semble riche de sens. D'un côté, la maison des petits cochons est pourrie. En même temps, divers éléments semblent vouloir m'indiquer que je *devais* me retrouver ici. Comme si c'était écrit depuis longtemps dans un gros livre invisible.

— Je viens de me rappeler cette piste.

— Ah bon…

— C'est vraiment… particulier.

— Raconte !

— Quand je suis arrivée à Montréal, à dix-sept ans, je ne connaissais personne, la grande ville me faisait peur et j'avais du mal à joindre les bouts. C'est grâce à un club de plein air que j'ai découvert les Laurentides. Le club, c'était le McGill Outing Club. M-O-C ! C'est eux qui ont tracé ce sentier. J'y ai skié à dix-sept ans. C'est ici que j'ai appris à aimer la nature. Dans la Vallée du bonheur ! Incroyable, non ? Notre village avait un autre nom dans le temps, c'est pour ça que je n'ai pas fait le lien avant…

Peter Pan est content. En vrai fan de la Vallée du bonheur, tout compliment touchant ce lieu le comble personnellement. Il n'a aucune idée de ce que cette reconnaissance du territoire éveille en moi, de ce qu'ont représenté ces grands sapins et ces fières épinettes, ces montagnes rondes à perte de vue, aux yeux de l'adolescente déracinée, parachutée dans une métropole effrayante. Je me souviens encore du pur ravissement que j'ai éprouvé en trouvant dans ce sentier de ski de fond l'espace libérateur et enveloppant qui me manquait cruellement. Dès ma première sortie sur de vieux skis de bois avec les étudiants de l'université McGill, j'ai eu un coup de cœur pour ce petit point précis sur la carte du Québec.

Entre les tempêtes de neige, les prouesses pour monter la côte et les moments de grâce à épier les oiseaux et à rêvasser devant mon écran d'ordinateur en cherchant les mots, l'hiver coule doucement. Christiane a réussi à me convaincre de repartir en quête d'un amoureux et mon éditrice m'a trouvé quelqu'un pour isoler le sous-sol. L'ouvrier constitue une priorité. J'ai beau réclamer plus de chaleur au thermostat et bourrer le poêle à bois, rien à faire, il fait toujours froid. J'en étais à couper le bout des doigts d'une vieille paire de gants pour écrire sans risquer les engelures lorsqu'Evelyn m'a parlé de son père, un jeune retraité effectuant des travaux divers, «à son rythme et uniquement chez des gens qui lui sont recommandés». Je me suis immédiatement sentie fière de faire partie des élus. Le lendemain, l'affaire fut conclue et, deux semaines plus tard, mon vide sanitaire avait un plafond de mousse isolante rose recouverte de shplashtique transparent.

— Avec ça, craignez pas, vous allez être au chaud! promet Roger en empochant un chèque de plusieurs milliers de dollars. C'est pas une dépense que vous venez de faire: c'est une économie! Vous allez sauver assez d'électricité pour rembourser les frais en criant ciseau.

Depuis mon acquisition de la maison des petits cochons, mes fantasmes amoureux sont méconnaissables. Le sportif avec de beaux muscles abdominaux ne me fait presque plus d'effet. J'en pince désormais pour le mâle chaussé de bottes de construction, sûr de lui et outillé pour guérir tous les maux de ma maison. C'est peut-être ce qui m'a incitée à choisir la fiche de pierleo45 parmi celles des cent trois candidats répondant aux critères que j'ai énoncés. Pierleo45 est un amateur de plein air jovial et costaud ayant inscrit sur sa fiche, sous le titre passe-temps préféré : «rénover pour solidifier et embellir». Trois infinitifs qui deviennent poème à mes oreilles.

Il aime la montagne, se classe dans la catégorie expert en randonnée pédestre, mais ne fait pas de vélo. Tant pis, je me dis en rigolant intérieurement. J'irai rouler pendant qu'il refera le toit de notre maison et après nous grimperons l'Everest.

Sa voix est ferme et forte au téléphone. J'adore !

— Quels sont tes sommets préférés ?

Ma question est suivie d'un long silence. Pour l'aider, j'ajoute :

— Préfères-tu les Laurentides, l'Estrie ou la Nouvelle-Angleterre ?

— L'Estrie, répond-il, hésitant.

Un doute s'insinue. Quelque chose me dit que ce candidat ne fait pas partie de la même tribu que mes compagnons de plein air et moi.

— Es-tu déjà allé en Nouvelle-Angleterre ? Dans les montagnes du New Hampshire ou du Vermont, par exemple ?

— Non, répond-il froidement.

Je m'en veux soudain de mener pareil interrogatoire. Ce n'est pas très sympathique, ni même très poli. J'adopte un ton plus cool.

— Qu'est-ce que tu aimes faire en Estrie ?

— Ben… une fois… il y a une dizaine d'années, j'ai monté le mont Orford.

Mon frère me fusille de ses yeux sombres. Je sais exactement ce qu'il pense. Je devrais d'ailleurs le dire tout haut pour lui éviter de le faire. Et nous éviter un accrochage.

— Regarde… C'est pas grave si le mont Orford est sa plus haute montagne, c'était juste pas un gars pour moi, dis-je.

— Tu l'as même pas rencontré !

— Le gars qui se qualifie d'expert en randonnée avec son type de CV manque d'humilité. Ou d'intelligence… Je voudrais pas qu'il rénove ma maison !

— De quoi parles-tu ?

— Sur sa fiche, il prétendait être bon en rénovation. Il doit retaper des cabanes de moineaux !

Mon frère pouffe de rire. Fiou ! On écarte la perspective d'une prise de bec.

— Je peux comprendre que tu te cherches un mari bricoleur, lance-t-il.

Dans ma petite tête, je songe : « Ne mords pas à l'hameçon, ma chérie. Fais comme s'il n'avait rien dit. » Je souris donc de toutes mes dents.

— Bon… Il faut que tu saches…, commence mon cadet.

Le ton n'augure rien de bon. Je sens que la révélation à venir risque de me blesser ou de me transformer en dragon.

— Tes travaux dans le sous-sol, c'est du pur gaspillage. Tu t'es fait rouler.

Je me sens pâlir malgré moi. J'essaie d'avoir l'air au-dessus de mes affaires comme si sa déclaration avait le poids d'un grain de sel, mais c'est de la frime. J'ai un porc-épic dans la gorge et des nœuds dans l'estomac.

— Le plastique qui sert de coupe-vapeur aurait dû être installé sous la laine minérale et pas le contraire. N'importe quel nono sait ça.

Je voudrais répliquer quelque chose d'intelligent ou de cinglant, mais, au lieu de balancer une phrase lapidaire, j'ouvre et referme ma bouche comme un poisson sans qu'un son en sorte.

Frérot se fait plus doux. Il ne déteste pas avoir pitié de moi.

— C'est pas *si* grave. Ça s'arrange… Il faut défaire et recommencer.

Ma bouche répète les mêmes stupides mouvements.

— Écoute, ma sœur… Avant qu'il soit trop tard, il faudrait peut-être que tu admettes que tu n'es pas faite pour gérer une maison et encore moins un chalet qui a besoin de rénovations. T'es… t'es… une artiste !

Dit sur ce ton, mon statut prend l'allure d'une malformation congénitale, d'un défaut déshonorant, voire d'une maladie mortelle.

Mon frère ne reste pas à souper. Il finit sa bière et hop ! Bye-bye-au-revoir-adieu. Je me précipite aussitôt sur le téléphone pour rapporter son opinion sur ma récente amélioration résidentielle à fiston numéro deux. Puis à Ti-Guy, à Rock et à Dgépi.

Résultat ? Le compte est à trois contre deux. Frérot, fiston et Rock croient que le père de mon éditrice a erré en posant le shplashtique. Ti-Guy et Dgépi considèrent qu'au contraire, c'est parfait ainsi. J'ai presque envie d'interroger pierleo45, histoire de rétablir les statistiques. Des relents de pensée magique m'incitent plutôt à revoir quelques fiches sur le fameux site où pullulent les faux sportifs. Ce serait fantastique de faire d'une pierre deux coups. Un Roméo bricoleur ! Beau, gentil, intelligent, cultivé, assez grand, pas trop, amateur de plein air pour vrai, drôle si possible…

Un petit chausson aux pommes avec ça ? Pourquoi pas !

*E*t si mon frère avait raison? Je suis peut-être nulle pour m'occuper d'une maison.

Natalie menace de m'arracher les yeux si j'ose douter de moi deux secondes de plus. La tête sous mon évier de cuisine, elle inspecte les tuyaux d'un œil qui me semble extraordinairement expert.

— Je le connais, ce refrain! grogne-t-elle. Mon chez-moi aussi réclamait beaucoup d'amour. J'ai eu droit à mon lot de remarques, de jugements et d'insinuations. Et pas seulement de la part des hommes. Des tas de femmes pensent comme ton frère. À croire que la sorte d'intelligence qui permet de gérer l'immobilier réside dans l'organe sexuel des mâles.

Même si la solidarité de Nat me fait chaud au cœur, je me souviens que mon frère ne remettait pas tant en cause mon identité sexuelle que ma personnalité d'artisse.

— Quand mon toit coulait, je me sentais quasiment coupable, poursuit Natalie. J'avais honte de tout ce qui clochait. J'étais aussi misérable qu'un parent d'enfant avec des problèmes de comportement. Jusqu'à ce qu'un jour, je les envoie tous secrètement promener. Sans le dire à personne, j'ai décidé que j'étais capable. Tout le monde est capable de tout. À condition de s'y mettre. Pas vrai?

J'ai presque envie de répondre: «Oui, maman.»

— Passe-moi la clé à molette! commande mon amie. Non... Pas ça!

Elle s'empare elle-même du bon outil, serre, force, grimace, gémit, puis s'exclame:

— C'est réussi! Le tuyau ne coulera plus. Tu vois, je t'ai évité une facture de plombier.

Si j'avais une médaille sous la main, je la décorerais tout de suite. À défaut, j'ouvre une bouteille de bulles. Nat adorrre les bulles. Même quand le mercure descend au dernier sous-sol du thermomètre.

— À nos châteaux! suggère mon amie en levant son verre de faux champagne.

Au même moment, l'écureuil obèse occupé depuis tout à l'heure à dilapider le contenu de la mangeoire principale se tourne vers nous avec un semblant de sourire en coin, l'air de dire: «Vous faites dur, les filles.» Sans même qu'on ait à se consulter, Nat lui tire la langue.

Dehors, le froid sévit. Le bois de ma petite maison craque, les fenêtres se lamentent, le toit se tord et à mon avis il ne fait guère plus chaud qu'avant l'opération isolation. Tant pis! J'ai au moins réussi à trouver comment allumer un feu dans le poêle à bois. Il suffit d'utiliser des bûches écologiques au lieu du bois pourri vendu à prix usuraire par les anciens propriétaires. Un bon feu crépite sous nos yeux, de minces flammes s'étirent au-dessus d'une douzaine de bougies éparpillées dans le salon et, derrière les fenêtres, le ciel s'incendie en illuminant le lac enneigé de reflets irisés. L'heure est aux confidences.

— T'as eu d'autres maisons avant? questionne Natalie.

— Des tas! dis-je en exagérant un peu.

— Quel genre?

Des images puis des scènes précises se succèdent dans mon esprit. Un flot d'émotions m'anime. Je me revois soudain…

— J'ai vraiment gaffé la première fois, dis-je comme à moi-même.

Natalie attend la suite.

— J'étais enceinte de fiston numéro un. Les taux d'intérêt étaient à quinze pour cent. J'ai visité des tonnes de logements, de duplex, de condos. Et je suis tombée amoureuse d'une maison semi-détachée à ville Saint-Laurent.

— Qu'est-ce qu'elle avait tant?

— Oublie pas… j'étais enceinte… La sensibilité à fleur de peau…

— Oui, pis?

— C'était une maison… sympathique mais peu pratique. Une maison pyramide. Quatre minuscules étages. Plein d'escaliers et de recoins. En y entrant, j'ai tout de suite pensé que c'était une maison idéale… pour jouer à la cachette. Ça m'a séduite.

Le regard de Natalie m'incite à trouver une autre explication pour mon béguin.

— Il y avait aussi un petit jardin, un érable énorme. Et de beaux meubles !

Je sais que si on prenait une photo de moi tout de suite, j'aurais cet air stupide d'un enfant de quatre ans coupable d'avoir renversé son bol de céréales.

— J'étais jeune… Je ne connaissais rien aux maisons. Le père de mon enfant à naître ne s'y connaissait pas mieux. Alors, on a acheté. Malgré le prix élevé, malgré les taux catastrophiques. Il voulait me faire plaisir…

— Et après ?

— Je n'oublierai jamais le moment où j'ai ouvert la porte pour la première fois avec ma propre clé. Mon conjoint était derrière moi. Heureusement ! Le pauvre aurait fait une attaque s'il avait lu l'expression sur mon visage.

— Pourquoi ? Qu'est-ce que t'as trouvé ?

— En rentrant, j'ai compris que ce qui m'avait tant séduite dans cette maison, c'était avant tout l'ameublement. Et la décoration. Toute nue, la maison était moche.

— Mais parfaite pour jouer à la cachette ! se moque Natalie.

— Ouais… Mon bureau était au grenier, la chambre du bébé sur un demi-étage adjacent au rez-de-chaussée et la machine à laver au sous-sol. Au bout d'un an, incapable de tenir le coup financièrement et peu heureux en plus, on a planté une pancarte. À vendre ! Et la veille de la fameuse visite libre, alors que notre agent n'avait pas reçu un seul appel en un mois, le plafond de la cuisine s'est écroulé.

— Comment ça ?

— C'était vieux, pourri et il avait plu toute la nuit.

— Wow ! Ça doit être ton pire souvenir.

Le silence qui suit titille Natalie. Des points d'interrogation clignotent dans ses yeux.

— Mon pire souvenir lié à une maison, c'est une histoire de lapin.

En y songeant, j'explose de rire. À l'époque, quel drame, pourtant.

— On vivait en banlieue. Trois enfants, deux chats, un chien, un hamster, une tortue… et, depuis peu, un lapin nain. Un lapin, c'est con. Celui-là avait un nom con en plus. Pompon. En bons citoyens de la banlieue, pour faire plus de place aux enfants, nous avions décidé, mon conjoint et moi, de transformer le sous-sol en salle de jeu. Et pour économiser, mon mari a proposé de tout faire lui-même. À temps perdu…

— C'est une bonne idée, non ? s'étonne Natalie en décelant l'ironie dans ma voix.

— Sauf que du temps perdu, il n'en avait pas. Un an après le début du chantier, j'étais désespérée. Ce qui l'énervait, bien sûr. Un samedi, il s'est levé très tôt, résolu à fermer les murs avant le lundi. J'avais pour mission de tenir les enfants et le zoo loin de lui afin qu'il puisse travailler en paix.

— Ça se défend…, ose Nat.

— Ouaip! Mais c'était une mission presque impossible.

— Genre…

Je m'apprête à répondre lorsqu'un fou rire foudroyant m'envahit. Entre deux séries de gloussements et de halètements, je parviens quand même à raconter:

— Dimanche matin, dix heures. Nous sommes convoqués au sous-sol. Tadam! Le Gyproc est cloué et les premiers joints tirés. Papa a réussi un super exploit. On peut déménager des jouets déjà. Tout le monde applaudit, on s'extasie, jusqu'à ce que la petite dernière éclate en sanglots: «Zé perdu Pompon!»

«"Pas de panique! que je lance. On va le trouver, ton lapin, ma pitchounette. C'est comme un grand jeu, les enfants." Alors on cherche le lapin. Partout. Dans les placards, les armoires, sous les lits et jusque dans la baignoire et les tiroirs. Pompon demeure introuvable. Papa pragmatique déclare: "Un lapin, ça ne disparaît pas comme ça."

«Au même moment, une idée atroce germe dans ma cervelle. Je cours au sous-sol. Je tends l'oreille. Et j'entends! Le lapin con. Le lapin con qui gratouille du bout de ses pattes. Le lapin con prisonnier derrière le mur de Gyproc.

— Tu me niaises! s'exclame Natalie.

— Pantoute. Je te l'ai déjà dit, ma chérie : la réalité dépasse toujours la fiction.

J'ai sorti mon chaudron de sorcière, le plus gros, parfait pour faire mijoter ma sauce bolognaise maison. La recette vient du seul objet souvenir qui me reste de ma mère : un vieux cahier à anneaux entoilé contenant ses plus précieuses recettes copiées à la main d'une écriture d'écolière ornée de menues fioritures. La maison des petits cochons embaume l'ail, l'origan, l'oignon, la tomate et… l'ingrédient à ne pas dévoiler de la recette de maman.

La neige a suffisamment fondu pour que la rue cachée redevienne carrossable. Je peux enfin recevoir les amis qui ne sont pas équipés d'un véhicule à quatre roues motrices. Aujourd'hui, c'est la fête : on célèbre la fin d'un hiver en dents de scie, pas très formidable pour le ski de fond, et ma première année d'occupation de la maison. Catherine, Monique et Philippe ont gentiment accepté d'accueillir quelques voitures supplémentaires dans leur stationnement et, hier, Peter Pan m'a aidée à tasser des meubles pour faire place à trois tables mises bout à bout. La moitié des invités ont pour consigne d'apporter une chaise.

Deux hommes inconnus du reste de la tribu ont failli se joindre à nous : anoudeux et dartagnan. Après avoir passé avec brio les étapes des brefs échanges de courriels puis d'une conversation téléphonique, ils ont malheureusement tous deux été recalés en fin de rendez-vous au Café Bistro.

— Dis-moi pourquoi! exige Cricri avec un brin d'exaspération dans la voix, comme si je faisais exprès pour que chaque opération séduction échoue lamentablement.

J'ajoute du sel, de l'origan, j'ouvre pour rien la porte du frigo, je brasse la sauce…

— Youhouhouou… J'attends le récit! N'oublie pas que je suis une pauvre fille casée qui vit désormais les premières fois strictement par procuration, c'est-à-dire à travers *toi*.

— Avoue que mes histoires te font apprécier Roméo.

Christiane lève les yeux du plan de travail où elle s'affaire à couper les inévitables crudités pour m'adresser son plus beau sourire coupable. Je soupire en exagérant le bruit avant d'attaquer :

— Anoudeux. Cinq pieds onze pouces, yeux bleus, cheveux châtains, un peu frêle mais très en forme. Ingénieur en électronique, chef d'équipe, vit à la campagne, pratique tous les sports que j'affectionne.

— C'est mal parti en titi, ironise Cricri.

— Je t'avoue tout de suite que je l'ai invité ce soir. Mais il avait un truc de famille important.

— Tu viens de dire que tu l'as *flushé* comme tous les autres!

Re-soupir stéréophonique amplifié.

— Il ne passe pas le test de l'amoureux futur ou potentiel, mais, à titre d'ami, c'est une magnifique addition dans ma vie.

— Il sait tout ça?

— Oui. Je le lui ai annoncé après l'avoir écouté parler de son ex avec des trémolos dans la voix pendant une heure. Il s'appelle Pierre-Yves et il est encore amoureux d'une femme de quinze ans plus jeune que lui qui veut des enfants alors que lui…

— … N'en veut plus.

— Même pas! Alors que lui *ne peut plus* en avoir.

— Il ne bande plus ou il est passé chez le vétérinaire?

— Vilaine! Tu le sauras pas.

— Oh! Il t'a vraiment fait de l'effet.

— Ce gars-là, c'est un passionné. Un fidèle. Intense. Un peu torturé. Très beaucoup compliqué. Peut-être impossible à vivre mais il reste que c'est un être humain exceptionnel. Brillant. Pétillant. Attachant.

— Tu penses que peut-être, éventuellement, vous deux…

— Impossible! Zéro phéromone. C'est mon frère de malheur, dis-je en maudissant l'incontrôlable tremblement dans ma voix.

Cricri s'approche et me frotte gentiment le dos.

— Son histoire d'amour te fait penser à toi et à Paul?

— Genre…

— Et l'autre ? demande Christiane en feignant l'entrain pour me changer rapidement les idées.

L'autre ! Ouf… Au secours !!!

— Tiens ! Du petit jus pour te délier la langue, susurre Christiane en me tendant un verre de rouge.

Par réflexe, je consulte l'horloge sur la cuisinière. Un peu tôt pour l'apéro, non ? Un bref regard à mon amie me convainc du contraire.

— Il est cinq heures de l'après-midi quelque part sur notre planète, c'est sûr, et tu le sais très bien, déclare Cricri sur un air connu.

Timothée profite de notre pause cuisine pour réclamer qu'on lui lance un cochonnet rose gluant de bave qui produit le son le plus exécrable jamais inventé.

— Dartagnan… Un gros bébé athlète. Seize mille kilomètres de vélo l'an dernier.

Cricri hausse les épaules, l'air de dire qu'il existe pire comme défaut.

— Fais le calcul, commandé-je en plaidant ma cause. Ça donne trois cent sept kilomètres par semaine en juillet comme en février. Ça veut dire que, l'été, le gars roule en fou tous les week-ends en plus d'utiliser un de ses cinq vélos pour se rendre au travail douze mois par année. Il détient des statistiques sur le nombre de jours où il n'a pas pu voyager à vélo pour cause de gigantesque tempête d'hiver. La moyenne des sept dernières années ? 2,6 ! Sache aussi que l'école secondaire où il enseigne la chimie est à 9,3 kilomètres de chez lui. Pas 9,5 !

« Chaque fois qu'il me sortait une statistique sur ses performances, on aurait dit qu'il s'attendait à ce que je l'applaudisse. Ça m'ééééneeeeerve !

— OK. J'avoue que c'est un peu coucoune, admet enfin mon amie.

— Il y a pire ! L'an dernier, dartagnan a négocié un long congé pour traverser l'Afrique à vélo. En passant, j'espère que t'as pigé la symbolique. Dartagnan... noble chevalier sur sa monture... Enfin... Pour subventionner son exploit, le gars a demandé à tous les élèves de son école de quêter de l'argent sous forme de billets de tirage.

— Tu charries !

— Pas une miette. L'excuse, c'était que le surplus de sous allait être versé à une fondation dédiée à la recherche pour j'oublie quelle maladie. J'ai osé suggérer que l'entreprise aurait été plus chevaleresque s'il avait lui-même payé son voyage.

— Hon ! Et il a répondu quoi ?

— Que grâce à l'importance de son exploit, genre le nombre de kilomètres parcourus en je ne sais plus combien de jours, il avait eu droit à tout plein de photos dans les journaux, ce qui lui aurait permis de « sensibiliser les populations » à la maladie qu'il a choisie. Dans mon livre à moi, c'est un mégalo-profiteur qui ne s'en aperçoit même pas. Le genre de gars pas méchant mais cherchant à plein temps quelqu'un pour lui dire qu'il est merveilleux.

— Je devine que vous avez frenché pendant des heures avant de vous quitter.

— Exact! On a roulé des pelles jusqu'à avoir des crampes de langue.

Dehors, un geai bleu criaille. Des sittelles s'envolent. Les mésanges s'éparpillent.

— Sais-tu ce que je pense? improvise Cricri.

La voilà toute sérieuse. Un petit sermon m'attend…

— Je pense que tu t'es brûlé les ailes avec Paul.

Le vent soulève de longues traînées de poussière blanche sur le lac et fait chanter les arbres. Mon cœur court, envahi par des pensées tendres et douloureuses liées aux deux hommes de ma vie. Le père de mes enfants et l'impossible amoureux.

Ai-je le bout des ailes calciné? Le réservoir d'espoir vidé? Le congélateur de peurs trop bourré?

J'observe la petite bête à mes pieds, la queue frétillante, l'œil implorant, un cochonnet gluant entre les dents.

— Je pense que je vais épouser Timothée, dis-je en grattant les oreilles de mon fidèle quadrupède délicieuse-ment peu compliqué.

*M*es pâtes ont fait fureur, le vin rosit joliment les joues et personne n'a réussi à deviner l'ingrédient mystère de la recette de maman. Manu a sorti sa guitare pour accompagner Bob et Christiane dans *Stairway to Heaven*. Mishe attrape mon regard et lève les yeux au ciel. Elle trouve que son amoureux est resté un peu trop coincé dans les années soixante-dix. Peter Pan joue les animateurs. Ce soir, il pète le feu. Tout le monde semble heureux.

Qu'est-ce qu'un moment magique? Un joyeux souper d'amis à la maison des petits cochons. Un souper de famille aussi, c'est bon. Sauf que mes trois rejetons fantasment encore sur la demeure de leur enfance, le gumbalow de banlieue où j'ai vécu cloîtrée pendant trop d'années, heureuse de les accueillir au retour de l'école, mais exaspérée d'écrire dans un *no man's land* au-dessus d'un garage.

Qu'est-ce qui ruine un moment magique? Un cri annonciateur de désastre. C'est Nat qui l'a lâché. Manu est accouru. Ce bel ami que je vois trop peu est toujours le premier prêt à aider, et pas seulement les individus de sexe opposé, ce qui rend ses gestes encore plus méritoires.

Au retour de Nat et de Manu dans la cuisine-salon-salle à dîner transformée en hall de festin, je SAIS que quelque chose ne tourne pas rond. Nat espère me convaincre de mettre ma machine à soucis en mode pause pour le reste de la soirée avec un gros clin d'œil faussement insouciant et un sourire peu convaincant. C'est mal me connaître.

Manu n'a rien perdu de l'échange silencieux. Il me murmure à l'oreille que tout est sous contrôle, mais qu'un peu d'eau coule dans la salle de bain. Un ressort invisible me propulse aussitôt sur les lieux. L'eau goutte du plafond dans un bol à gâteau.

J'essaie d'être brave.

— C'est pas si grave. Je vais trouver un plombier demain.

Sourire tendre de Manu. Ce que je viens d'énoncer ne passe pas. Pourquoi?

— Il n'y a pas de tuyau dans des combles, glisse Manu, visiblement peiné de devoir m'en informer.

— Ça veut dire… que… c'est…

Je déglutis. Je n'ai pas envie que ce soit…

— Le toit? je demande.

Manu fait signe que oui avant de déposer un baiser aérien sur mon front.

— OH HO! La princesse vient de trouver un petit pois! déclare Peter Pan de sa plus belle voix d'animateur de foule qui se pense drôle.

Je me maudis de lui avoir confié mon nom secret, emprunté à la princesse du conte d'Andersen. Une quinzaine de paires d'yeux me questionnent.

— Le toit coule. C'est rien, dis-je du ton le plus cool possible.

Intérieurement, je ca-po-te. Déjà que la fondation est à vérifier pour cause de mur qui penche, si le toit est également défectueux, qu'en est-il de l'entre-deux? Aurais-je acheté une petite maison gangrenée de la tête aux pieds?

Les amis s'y mettent. Dgépi téléphone à un copain entrepreneur en toiture à qui il arrache la promesse de traiter mon cas en priorité et Denys, l'as bricoleur, me propose de réparer lui-même le plafond de la salle de bain.

— Une affaire de rien, promet-il.

Les regards restent tournés vers moi. J'essaie de faire semblant que l'épisode dégât d'eau est oublié, mais je suis nulle en dissimulation. Dgépi et sa belle Loulou tentent de me consoler en faisant valoir qu'une maison de campagne, c'est toujours un paquet de problèmes et qu'il faut apprendre à vivre avec ça.

— C'est quoi, un toit qui coule, à côté de *ça*? demande Peter Pan en désignant le lac encore recouvert de glace, la nuit étoilée et la lune, pleine ce soir, comme pour faire exprès.

— Il faut quand même s'assurer de ne pas trop investir dans un panier percé, fait valoir Bob, diplômé en économie et assez bon ami pour se soucier de mes finances personnelles.

C'est à Manu que revient *la* question. Manu si discret, que je n'avais pas vu depuis des mois et dont j'apprécie tellement la sagesse tranquille.

— Qu'est-ce qui te fait tant aimer cette maison? demande-t-il sans rien sous-entendre, simplement animé par le désir de comprendre.

En attendant ma réponse, Bob pince sa guitare, enveloppant la conversation de musique. Nat sert des tisanes à la mangue et Cricri, des verres de Limoncello. L'équipe occupée à désencombrer la cuisine suspend momentanément ses travaux bruyants pour mieux entendre.

Je m'autorise un moment pour contempler tous ces visages aimés, aimants, tournés vers moi. Puis l'extraordinaire paysage de nuit et, enfin, ma maison, cette humble construction, peu solide semble-t-il, mais combien vaillante et accueillante. Le toit n'a soudain plus d'importance.

— Si ma maison était une personne, j'en aurais fait mon amie pour les mêmes raisons que je vous ai choisis. Elle est bourrée de défauts mais possède un charme fou. Comme chacun de vous.

Un concert de hurlements enthousiastes et d'applaudissements fait écho à ma déclaration. Timothée, brusquement réveillé, jappe à tue-tête.

— Je vous aime, dis-je encore. Merci d'être dans ma vie. Et merci à la maison des petits cochons aussi. Elle éprouve quelques problèmes de santé ces jours-ci, mais on va s'en occuper. Pas question de la laisser tomber !

Bob se lève pour prendre cérémonieusement la parole.

— À titre de conseiller financier de Sa Majesté la princesse au petit pois, fière propriétaire de la maison des petits cochons, j'aimerais donner mon approbation. Comme répétait mon grand-père, quand y'aura plus d'argent, on ira en acheter.

— Ton toit coule ? C'est pas surprenant, maman, soupire fiston numéro deux. As-tu bien lu le rapport d'inspection que je t'ai imprimé ?

Une vague de honte me submerge. Le fameux rapport. Des pages et des pages de mauvaises nouvelles. Je l'ai lu en diagonale avec le même enthousiasme que jadis le *Guide général de mécanique automobile*, une corvée que je m'étais sadiquement imposée avant d'acheter ma première voiture usagée. Une fois le guide refermé, mon taux de rétention d'information était pitoyable et, quelques jours plus tard, il n'en restait rien.

— Tout est là, maman ! J'ai mis des heures à inspecter ta maison et à produire ce rapport. Ta toiture est problématique. On dirait qu'il y a deux pans de toit qui se rejoignent alors qu'en réalité, il y en a trois. Par paresse, pour éviter de démolir, ils ont ajouté un toit par-dessus l'ancien.

— C'est grave ?

— C'est plus… complexe. Il faut que ton entrepreneur en tienne compte.

— Bon. Merci, chéri. Je sais pas ce que je ferais sans toi. J'apprécie beaucoup ton aide. Vraiment !

— Maman… lis le rapport. Compris ? C'est important. Et pense à solidifier la structure au-dessus de la porte d'entrée en refaisant la toiture. J'ai rampé dans les combles parmi les crottes de chauve-souris pour aller vérifier jusque-là. Peu d'inspecteurs l'auraient fait. Ce que j'ai découvert s'arrange, mais ça ne peut pas attendre trop longtemps.

— Oui, oui, tu as raison, je m'en souviens… Les combles au-dessus de la porte d'entrée. C'est très clair dans le rapport. J'avais simplement oublié. Merci encore, chéri.

Je dépose le combiné, puis je touche mon nez pour m'assurer qu'il ne s'est pas déjà mis à allonger. Je ne me souviens pas du tout d'avoir lu cette partie du document. Même que je ne suis pas certaine d'avoir parcouru celui-ci jusqu'à la fin. Fiston l'a deviné, je le crains.

Demain, c'est décidé, je lis tout. Avec un crayon de plomb et un surligneur. Je vais dresser une liste, établir des priorités…

Que disait le grand-père de Bob ? Ah oui ! Quand y'a pu d'argent, il suffit d'en acheter.

— Voulez-vous savoir la vérité?

Hummm. Que suis-je censée répondre? Non, monsieur, je vous ai donné rendez-vous pour entendre des menteries?

Réal Larocque. Fier septuagénaire expert en travaux de tous genres. Carte professionnelle épinglée au babillard du Café Bistro. N'habite pas très loin. Rénove et retape ce qui lui tombe sous la main depuis un demi-siècle.

— Votre maison tombe dans le lac, ma petite madame. C'est aussi simple que ça. Il y a pas trente-six mille solutions. Il faut la lever pis refaire la fondation. Malheureusement, j'ai pas la machinerie nécessaire pour vous aider. C'est du travail spécialisé.

Ouch! Il me semble qu'en matière de gravité, ce diagnostic vient tout de suite après l'annonce d'une maladie mortelle. J'étais prête à tout. Sauf à ça! Fondation à réparer? OK. Mur à solidifier? Ça va. Mais fondation à re-fai-re? Comme dans démolir et tout recommencer? En gros, si je comprends bien, ma maison n'a pas attrapé un rhume. Elle souffre d'un cancer métastatique.

Ma déconfiture peine l'ouvrier, qui a des allures de bon grand-papa.

— Je peux rien vous promettre… mais si jamais vous pouvez pas lever, excaver pis refaire à neuf, je pourrais voir avec mes chums… Il y a peut-être moyen de creuser au pic pis à la pelle pis de couler du ciment sans tout foutre en l'air. On commencerait par le mur derrière.

— Mais c'est à l'avant que ma maison penche!

— Votre maison penche vers l'avant parce que la fondation vaut rien derrière. Le devant est moins pire mais il y a ben de la pression. Oubliez pas qu'en bas d'une côte comme ici, vous recevez toute l'eau de la montagne.

— Si je fais rien… ma maison va tomber dans le lac?

— Peut-être pas c't'année, mais c'est sûr qu'elle est en train de foutre le camp. Si vous attendez, les portes et les fenêtres n'ouvriront plus, la pourriture va attirer les fourmis charpentières et, dans pas grand temps, c'est toute la maison qui va être à refaire. Honnêtement, c'est un petit miracle que c'te bâtisse-là tienne encore debout.

Sitôt le gentil papi annonciateur de malheur reparti, je compose le numéro de fiston… et je raccroche avant la première sonnerie. Au lieu de demander conseil, je sors le fameux rapport d'inspection monstrueusement volumineux du fin fond d'un placard. Surprise! Un chapitre entier est consacré à la fondation. Et c'est bourré de photos accompagnées de commentaires précis. «Inclinaison du mur sud à expertiser… blablabla… fissures à évaluer à l'angle de… poutres de soutènement non conformes… excavation insuffisante pour une protection contre le gel…»

Et cætera. À la fin du chapitre, mon inspecteur personnel de fils recommande, à grand renfort de mots imprimés en caractères gras et soulignés, une consultation auprès de spécialistes dûment qualifiés dans les plus brefs délais.

Je me souviens maintenant du jour où fils numéro deux m'a remis le foutu document. Je préparais un repas de famille. Des amuse-bouche, du saumon fumé, deux viandes, trois salades, des patates douces comme ils aiment… Sa sœur rentrait d'un long voyage. Son frère nous présentait sa nouvelle blonde. Lui-même venait d'obtenir une promotion. Numéro deux me décrivait les maux de ma maison d'un ton factuel en prenant soin de ne pas trop m'inquiéter pendant que je sprintais de la cuisinière au réfrigérateur à la table. Voyant sans doute que sa technique pour ne pas m'angoisser fonctionnait trop bien puisque j'écoutais distraitement ses propos, il avait conclu un peu abruptement :

— Lis le rapport, maman. Puis appelle-moi pour que je t'explique ce que tu ne comprends pas.

Conclusion : MEA CULPA.

Dgépi ! C'est mon seul ami avec de l'expérience en élévation de maison. Je le joins au bord du lac Memphrémagog dans son chalet reposant désormais sur des fondations qui résisteraient à une guerre nucléaire.

— T'as pris un ti-clin qui laisse son nom sur un babillard ? Non, non, non. On niaise pas avec des travaux aussi importants. Téléphone au gars qui annonce à la télé.

— J'ai pas le câble.

— Je t'envoie ses coordonnées par texto. Prends rendez-vous. Attends pas… Et rappelle-moi, compris ?

Quinze minutes plus tard, je suis prête à tuer. Condensé de l'échange téléphonique avec le gars qui annonce à la télé :

— Avant qu'on se déplace, ma petite madame, vous devez nous envoyer des photos, un certificat de localisation et une lettre de la municipalité ou un permis de construction.

— Mais je veux juste identifier le problème pour commencer. Avoir une opinion d'expert, un diagnostic. C'est ce que vous promettez à la télé…

— Mon expert va faire tout ça, ma petite madame. En temps et lieu. Une fois que j'aurai en main tous les documents.

Dgépi m'a fait promettre de poser des questions. Je dois montrer que je sais un peu de quoi je parle et que je n'engage pas n'importe qui.

— Votre expert… quelles sont ses qualifications ? C'est un ingénieur ou un technicien ?

Le monsieur qui annonce à la télé s'esclaffe bruyamment.

— D'où sortez-vous, ma petite madame ?

Le ton est fendant. Baveux. Prétentieux. Si j'étais dans une bande dessinée, la bulle au-dessus de ma tête serait remplie de toutes sortes de signes disparates indiquant que j'enrage.

Le monsieur poursuit :

— J'ai fondé ma compagnie il y a trente-six ans, ma petite madame. J'ai appris sur le tas et c'est moi-même qui forme mes hommes. Si ça fait pas votre affaire, tant pis. Des *ingnégnieurs* ! Il en faut au moins cent pour lever une maison !

Sur ce, il éclate d'un gros rire gras. Je prends trois grandes inspirations.

— Monsieur…

— Oui, ma *chère* petite madame…

— Même si ma vie en dépendait, même si j'avais en main tous les certificats du monde, je ne vous laisserais pas toucher à ma maison.

Clic.

Bon… J'ai le choix entre me faire pousser un ulcère en ruminant des pensées noir foncé ou partir à vélo pour évacuer mon trop-plein de jus méchant. Après vingt-cinq kilomètres de grosses côtes, mes jambes sont en feu et mon humeur, meilleure. Je remarque enfin que les bourgeons éclatent, que le vent charrie des courants délicieusement chauds et que les oiseaux piaillent à cœur joie. Peu à peu, le parfum des lilas et des muguets en bordure des routes m'atteint puis me grise. Une toute petite voix tapie quelque part en moi murmure: «T'es capable, ma chérie. Tu vas trouver une solution. Et dans vingt ans, tu riras de tout ça.»

Les mots sont empruntés à mon ex-voisine en lointaine banlieue. C'étaient ses phrases-bouées-de-sauvetage pour survivre à la dure condition de parent de trois adolescents. Elles ont bien servi, à l'époque, pour moi aussi. Alors, je répète silencieusement: «T'es capable. Tu vas trouver...»

Une affiche. Au sommet d'une longue côte. «Giroux excavation». Et en plus petit: «Expert en fondation». Je freine brusquement dans le sable en bordure de la chaussée. Ma monture caracole. Je passe à deux poils de m'affaler sur le sol avec mes chaussures de vélo de route encore attachées aux pédales. Une dame sort du garage sur lequel l'annonce est placardée. Je cours vers elle comme on se précipite vers un mirage au bout d'un long désert.

— Bonjour... Euh... Vous levez des maisons?

Je dois avoir l'air étrange dans mon costume de cycliste avec casque et souliers spécifiques, le visage rouge, le corps en sueur, à poser des questions sur les fondations. Elle sourit pourtant. Un enfant de quatre ans trotte derrière elle en pressant un camion Tonka contre son petit bedon rond.

— Pas moi, mais mon mari. Et notre fils éventuellement, ajoute-t-elle avec un clin d'œil.

Je me sens idiote. Que dois-je dire maintenant?

— Je peux vous laisser une carte professionnelle, propose aimablement la dame. Vous pourrez communiquer avec Mathieu.

J'ai envie de la questionner sur son mari. S'y connaît-il vraiment en fondations? Est-il aussi gentil qu'elle? Prendrait-il bien soin de ma petite maison?

— Tu m'attends, Guillaume? demande la dame en se tournant vers son fils futur expert en excavation. Tu veux bien rester un moment avec…

— Dominique! dis-je en tendant une main vers le petit bonhomme.

Deux grands yeux verts me scrutent. Après quelques secondes de réflexion, Guillaume prend ma main et la presse avec une vigueur surprenante, le plus sérieusement du monde, avant de la secouer du mieux qu'il peut. J'ai l'impression que nous venons tout juste de conclure une entente.

— *C*inq soumissions? C'est bon, approuve Mishe. Est-ce que les cinq entrepreneurs en fondation proposent le même remède?

— Genre… À part le cornichon qui m'a conseillé « de rentrer un *bull* pis de jeter la cabane à terre ».

En me souvenant de l'épisode, le sang se remet à bouillonner dans mes veines.

— Démolir? C'est impossible! proteste Mishe. Ton chalet est construit sur la bande riveraine.

— Exact. Ce qui constitue un droit acquis non transférable à un nouveau bâtiment. En plus, je n'ai pas les sous pour le faire et, de toute manière, ce n'est pas une cabane, c'est… une jolie maison malade.

Mishe lève les yeux au ciel. Elle trouve déjà que j'anthropomorphise un peu trop mon chien…

— Avant de signer un contrat avec un des entrepreneurs, tu devrais faire évaluer ta propriété par un agent d'immeubles. Il faudrait que tu saches si, avec une nouvelle fondation, elle prendrait suffisamment de valeur pour que tu récupères ton investissement à la revente.

Je rumine la suggestion en silence.

— J'ai l'impression que tu ne suivras pas mon conseil, soupire Mishe.

— Penses-y, Mishe… Est-ce que j'ai vraiment le choix d'effectuer des travaux? Si je ne fais rien, même si je le voulais, je ne pourrais pas vendre sans déclarer ce que je sais aux futurs propriétaires. Et de toute façon, qui d'autre, à part moi, serait assez fou pour acheter une maison sans lui faire subir d'inspection? En fermant les yeux sur un mur qui penche en plus! dis-je, soudain furieuse contre moi-même.

— C'est justement parce que t'es unique qu'on t'aime tant! proclame Mishe en espérant m'aider à me réconcilier avec mon pauvre moi-même. N'empêche que t'as peut-être raison… Va de l'avant avec les travaux, ma chérie, et ponds-nous un *best-seller* pour les financer.

Houla! Mon dernier manuscrit est présentement à l'imprimerie, mais je risque peu de faire fortune avec un roman pour enfants même s'il s'avère populaire.

— Il faudrait un méga-*best-seller*! N'oublie pas que je reçois dix pour cent du prix et qu'au Québec, à cinq mille exemplaires vendus, on a un *best-seller*. On est loin du compte!

— Vends ton corps alors!

— Là, c'est sûr, c'est la faillite! Trêve de blagues. Sache que j'ai passé chacune des soumissions au peigne fin en prenant des notes. À la première lecture, tout me paraissait rédigé en ancien chinois. Je me suis fait une liste de trois mille questions que j'ai posées à fiston. Puis, j'ai rappelé les deux entrepreneurs les moins chers. Ils ont tous les permis, les numéros, les assurances et les garanties qu'il faut. Ils creusent l'un et l'autre aussi profond et procèdent en gros de la même façon. La différence entre les montants tient à des détails négociables.

— On dirait que t'as fait tes devoirs, me félicite mon amie. Si les deux font l'affaire et que t'arrives pas à choisir, vas-y avec une comptine : Ma grand-mère a trois cochons, un qui pue…

— L'autre qui pète… Ouais… Mais…

— Ton œil magique ?

— Exact. Mon œil magique n'est pas convaincu et je serais bien en mal d'expliquer pourquoi. Pourtant, cinq soumissions, plus le gars de la télé, plus le monsieur trouvé sur le babillard, ça fait quand même sept candidats approchés pour les travaux. Ça devrait suffire non ?

— En parlant de candidats…

— Je t'arrête tout de suite. Il ne se passe rien de ce côté-là. Entre l'écriture et les entrepreneurs, je n'ai plus…

La sonnerie du téléphone m'évite d'avoir à justifier mon désert amoureux. Trois minutes plus tard, j'ai la bouche fendue jusqu'aux oreilles.

— C'était Mathieu Giroux. Il peut passer ce soir.

La mine ahurie de Mishe m'incite à préciser.

— Mathieu, c'est l'entrepreneur que j'ai déniché en faisant du vélo. Le seul qui ne m'avait pas encore rappelée.

Quand on y songe, l'idée de hisser une maison dans les airs pour travailler dessous puis de la redéposer sur le sol, comme si elle était construite en blocs Lego, c'est un travail de titan ! Eh bien, justement, Mathieu Giroux est aussi grand qu'un géant… et merveilleusement rassurant.

— On lève des bâtisses qui pèsent dix fois plus que votre chalet. Y'a rien là, dit-il, sa voix aussi calme que convaincante.

Il fait une tête et demie de plus que Mishe et moi, a les mêmes grands yeux verts que son fils Guillaume et le sourire de quelqu'un à qui on donnerait la lune sans hésitation. Mon amie la plus terre à terre semble d'ailleurs totalement séduite par notre bon gros géant, qu'elle couve d'un regard amusé et tendre.

La voilà même qui offre une tournée de bières de mon réfrigérateur, ce que je n'aurais jamais osé faire sans sa bénédiction. Mathieu avale une longue gorgée en contemplant le lac-étang devant nous.

— Vous avez raison de vous lancer dans de gros travaux, soutient-il. Votre maison en vaut la peine. Il y a quelque chose de… magique ici.

Le regard de Mishe croise le mien. On pense pareil. Cet entrepreneur est le bon.

— Attends quand même de voir sa soumission avant de lui signer un chèque en blanc, prévient mon amie une fois le géant parti. Et laisse-toi pas enfirouaper par sa belle façon. C'est un candidat en-tre-pre-neur. Pas releveur de jupons !

Sur ce, elle pouffe de rire en rougissant à la manière d'une gamine coupable d'audacieux fantasmes.

*L*es candidats entrepreneurs ont quand même quelques points en commun avec les candidats séducteurs : ce qui vous embête au premier rendez-vous continuera de vous embêter. Le bon gros géant a été le dernier entrepreneur à rendre mon appel. Or, trois semaines plus tard, la soumission promise se fait toujours attendre. Le mur sud en profite pour pencher de plus en plus dangereusement vers le lac (c'est du moins ce qu'il me semble) et l'été, pour s'installer. Après avoir couvé ses œufs avec patience et résignation sans bouger pendant des semaines, sur le rivage de la deuxième île, la femelle huard a accouché de trois boulettes laides qui nagent déjà et embellissent de jour en jour.

Mes pivoines dégagent des parfums capiteux, les lupins près de chez Lili explosent en dégradés de mauves, les premiers chrysanthèmes déploient gracieusement leurs pétales autour d'un cœur doré et les pissenlits se moquent éperdument des épandeurs de poison. Timothée vit en surdose permanente de bonheur depuis que Naya, la chihuahua de son cœur, gambade à nouveau près de lui. Le quai du parc écologique reprend vie, Ann promène Tim après ses séances de yoga, Nat et sa voisine le prennent avec elles en planche ou en pédalo, Rémi lui prodigue des massages enviables et les sœurs s'habituent peu à peu à l'idée que le chien de la voisine écrivaine soit aussi communautaire que le parc, le quai, la table de pique-nique et les algues.

De voir Tim si amoureux de sa dulcinée à poils courts m'encourage à replonger dans la jungle des rencontres plus ou moins sportives en passant par Internet. Pénurie de fiches intéressantes cette fois. Deux candidats seulement sont retenus. Un seul répond à mon courriel : jejouidlavie. Son vrai prénom ? Karim. Que sais-je de lui ? Six pieds, bon nageur, excellent skieur, pratique modérément le vélo de route, écrit sans fautes, maîtrise en biologie, zéro enfant, un chat, adore les crustacés et les romans policiers. Rien ne me titille vraiment dans sa fiche, mais, par crainte de devenir gâteuse, j'accepte sa proposition de passer rapidement à l'échange téléphonique. Résultat ? Opération catastrophe. Brève et décisive.

— Que faisais-tu ? demande-t-il.

Parce que c'est vrai, je réponds :

— La vaisselle.

— Hummm.

J'ai une pensée pour Isabelle, une collègue cycliste, spécialiste dans l'art de battre des cils, d'échapper de courtes phrases suaves, de piquer l'intérêt d'un homme ou de flatter son orgueil. « Demande-lui ce qu'il faisait, lui, me souffle le fantôme d'Isabelle. Et défense d'aborder les sujets domestiques. Il se fout de la couleur du linge avec lequel tu essuies ta vaisselle, compris ? »

— Vous… euh… tu faisais quoi, toi?

En m'entendant prononcer ces mots, j'ai l'impression de répéter un dialogue poche dans une pièce de théâtre pourrie.

— Je sors de la douche.

— Oh! Désolée. Préfères-tu que je te rappelle?

Rires.

— T'es mignonne. C'est moi qui t'appelle…

J'ai les jambes sciées. Si je comprends bien, Karim tente d'installer un climat sensuel en précisant qu'il sort de la douche. Et il ne s'attend pas à ce que je lui demande la couleur de la serviette éponge qu'il a choisie.

— Toi… préfères-tu les bains ou les douches? souffle-t-il.

Silence.

— Je t'imagine bien dans un bain moussant. À la lavande. Tes mamelons durcis…

Au secours!!! Clic. Fin de l'échange téléphonique. Mes enfants m'ont parlé de la tendance Tinder, mais la simili-conversation que je viens de subir me confirme que ce n'est pas pour moi.

— Au suivant! dis-je, à haute voix cette fois.

Hon! Je me souviens maintenant qu'il n'y a pas de suivant. C'est la disette. Je pourrais changer de site. Ou adopter un deuxième quadrupède plus fidèle que Timothée…

Ding… Un courriel ou un pourriel. Non… Youpi! Des nouvelles du bon gros géant.

Chère Dominique,

Désolé pour le délai. Je suis débordé. Mais si ma soumission est acceptée, je peux effectuer les travaux en début septembre cette année. J'ai mis le dynamitage à part. Vous verrez…

Bon été,

Mathieu

J'ouvre le document attaché en déglutissant. Mon œil court vers le montant en bas de page. C'est mieux que les deux soumissions en réserve. À moins qu'un autre total n'apparaisse sur une deuxième page… Non. Je prends rapidement connaissance des détails. Je revérifie les chiffres. Et je crie:

— Yaaabaaadaaaaabaaaadouououou!

La soumission du géant est très avantageuse. Et tout y est, à quelques détails près. Même fiston second, champion dans l'art de dénicher les meilleures personnes pour effectuer des travaux au meilleur prix s'avoue impressionné.

— Qu'est-ce que tu vas faire pour le dynamitage? s'inquiète-t-il tout de même.

— Bof! C'est la cerise sur le *sundae*. Mathieu pense comme les autres. Avec un peu de sous en plus, je pourrais dégager un espace de rangement au sous-sol et, si la chance me colle aux fesses, j'aurai une petite pièce genre bureau.

Moi, tout ce que je demande, c'est une fondation stable. Et pour ça, il n'y a que quelques grosses roches à déplacer, fissurer ou carrément dynamiter.

— Si tu le dis…

— Je le dis.

Je me sens forte et sûre de moi. Après *Martine à la plage*: *Dominique contremaître*. Les travaux peuvent commencer!

*E*n attendant le début du grand projet de solidification de la maison des petits cochons, j'écris. Après des mois de recherches, j'ai finalement installé trois personnages dans un paysage somptueux, là où, à l'est de Québec, le fleuve devient mer et les baleines s'ébrouent. Devant moi, le lac-étang se métamorphose en océan et, lorsqu'un huard bat des ailes, je vois une baleine à bosses s'élancer vers le ciel.

Entre ces heures bénies qui constituent l'essentiel de mes journées, tout fout le camp chez les petits cochons. À croire qu'un mauvais génie s'amuse à bousiller tout ce qui est bousillable. Les fusibles sautent, Internet tombe en panne, le sèche-linge refuse de produire de la chaleur, le pommeau de douche rend l'âme en s'écrasant sur ma tête, le téléphone sombre régulièrement dans un coma profond, la crème glacée fond dans le congélateur et les légumes gèlent dans le réfrigérateur. En prime, des frelons m'ont sauvagement attaquée alors que je désherbais la plate-bande, des abeilles ont élu domicile dans les fentes non calfeutrées du cadrage de la porte d'entrée et un village entier d'écureuils s'est installé dans les combles. Pendant ce temps, le fameux tuyau responsable de canaliser l'eau hors du sous-sol déverse du liquide boueux sans arrêt, trahissant une activité aquatique fortement suspecte.

En mettant le point final à un long chapitre exigeant, alors que le personnage que j'affectionne le plus traverse une crise de confiance en lui-même et en la vie, un doute affreux s'insinue. Et voilà qu'un petit démon – à moins que ce ne soit un ange – me chuchote à l'oreille : « Tu te diriges vers une catastrophe, chérie. » Je me demande tout à coup si mon histoire d'amour avec la maison des petits cochons n'est pas, à l'image de mes relations avec les hommes de ma vie, vouée à l'échec ?

— Qu'en penses-tu, Timothée ?

Mon mâle actuel remue ses oreilles en faisant de louables efforts pour comprendre. Sans succès, si j'en juge par l'intelligence dans ses prunelles.

J'ai besoin de parler à quelqu'un. Or, mes trois meilleurs confidents vivent leurs propres questionnements amoureux ces jours-ci. Un nom s'impose. Lili. Pourquoi elle ? Je donne tout de suite ma langue au chat ! Je sais seulement qu'hier, après des mois d'absence encore une fois, elle m'a saluée en agitant vigoureusement les deux bras depuis sa véranda haut perchée. De chez moi, j'ai pu distinguer, en plus de la gestuelle enthousiaste, un turban flamboyant et une mine aussi lumineuse que gaie.

Tisane de genévrier cueilli dans la toundra et biscuits fondants aux bleuets cuits le matin même. Lili s'est remplumée. Son regard myosotis pétille dans un visage de petite fille âgée. De retour d'un long séjour à l'étranger, elle respire la santé. Où était-elle ? Avec qui ? Pourquoi ? Mystère et boule de gomme. Ma voisine maîtrise magnifiquement l'art de m'accueillir à bras ouverts sans se livrer. Dès que je m'affale dans un des fauteuils profonds de son salon encombré de pyramides de livres, de vases débordant de fleurs du jardin et d'une quantité inouïe de jolis objets strictement décoratifs, les mots se mettent à débouler de ma bouche.

Du coup de foudre pour la maison des petits cochons à la soumission de Mathieu en passant par les innombrables maux décelés depuis mon arrivée, je raconte tout à Lili sans prendre le temps de tremper mes lèvres dans la tasse de tisane parfumée. Lorsque je m'arrête pour reprendre mon souffle, elle me tend l'assiette de biscuits et, sans réfléchir, j'en dévore deux coup sur coup, surprise de me découvrir aussi affamée.

Elle m'observe. Attentive, souriante, patiente, investie d'une force tranquille alors qu'une interrogation silencieuse luit dans ses yeux trop bleus. Lili me rappelle soudain une psy que j'ai déjà consultée. À l'instar de cette dame qui m'a accompagnée dans un des méandres houleux de ma croisière intime, ma voisine maintient son regard pénétrant fixé sur moi avec l'air de dire qu'elle a toute la vie pour m'écouter.

Au bout d'un long moment pendant lequel je reste muette, Lili glisse d'une voix feutrée :

— Et les hommes ?

Je refais malgré moi le truc du poisson qui avale bêtement de l'air. J'aurais envie de lui demander si elle n'est pas un peu sorcière. Ou fée. Au lieu de la questionner, j'enchaîne les confidences. Ma rencontre avec l'homme qui allait devenir mon mari. Le désir fulgurant d'avoir des enfants malgré le sentiment grandissant que nous n'étions pas conçus, cet homme et moi, pour marcher côte à côte une vie durant. Mon histoire avec Paul. Le coup de foudre fracassant, cette impression fabuleuse de tout à coup valser au lieu de marcher et de chanter au lieu de parler, perpé-tuellement éblouie par d'invisibles soleils. Et soudain, la descente aux enfers. Cette scène cruelle au cours de laquelle une inconnue qui se dit la conjointe de mon amoureux téléphone chez moi pour lui parler. Les aveux complexes, les supplications pour que je tienne compte d'un contexte particulier, que je comprenne les dissimulations nécessaires et ses nobles intentions de me protéger d'une femme qui menaçait de s'enlever la vie s'il l'abandonnait tout à fait.

Et la mienne, ma vie?

Lili m'enveloppe de son regard bleu-mauve. Des larmes roulent sur mes joues. Je n'avais jamais partagé ce pan de ma vie avant. Que des bribes ou quelques pieux mensonges pour éviter de me révéler aussi fragile.

— Vous êtes heureuse dans votre maison? demande ma voisine au terme d'un long silence moelleux.

Y suis-je heureuse? Un sourire frise mes lèvres. Lili a su tirer sur les bonnes ficelles. Le brouillard se lève. Tout tombe en place.

— Oui.

C'est vrai. Malgré les tares et les maladies de la maison des petits cochons, malgré les soucis qu'elle m'inflige et la crainte de commettre une gaffe financière, je l'aime.

Je l'aime parce qu'elle est humble et résiliente, parce que le salon ressemble au pont d'un bateau, parce que la véranda se transforme en bureau, parce que le tableau de ciel et d'eau devant moi est en perpétuelle mouvance, parce que des chants d'oiseaux ponctuent un délicieux silence, parce que les cris des huards m'arrachent le cœur et m'aident à renouveler ma foi en la vie, parce que la neige, la pluie, le vent y sont tour à tour tendres et fougueux.

Je l'aime aussi parce qu'elle ne peut pas mourir. Si on la répare et la rénove, une maison ne meurt pas. Elle ne peut non plus me décevoir : je connais déjà ses faiblesses et ses failles. Je ne pouvais changer ni mon mari, ni Paul, mais je peux toujours emmieuter ma petite maison.

« Et les hommes ? » a demandé Lili, assez fée pour deviner que ces deux sujets, cœur et immobilier, sont liés. Elle a vu juste. À défaut de me poser dans la vie de quelqu'un, j'ai besoin de m'installer dans un lieu. De me construire un nid. Et pour mille raisons, ce nid est ici.

— *J*'ai quelqu'un à te présenter, annonce Odile au téléphone pendant que je grimpe sur le comptoir pour converser, assise entre le frigo et le micro-ondes.

Odile est la seule amie que j'ai conservée de mes saisons avec Paul. Nous habitions au bord du même lac à l'époque. Bien qu'elle n'ait jamais connu les dessous de ma grande déconfiture amoureuse, Odile a toujours été là pour moi et elle n'a jamais hésité à me le manifester. Depuis mon changement d'adresse, nous avons pris l'habitude de nous voir à Montréal, à l'heure du lunch, toujours à la Terrasse Lafayette, notre restaurant de quartier préféré. Odile sait que mes retours au lac où je vivais avant sont encore pénibles, c'est pourtant là qu'elle me donne rendez-vous cette fois.

— Jacques et moi le connaissons depuis longtemps, il vient de déménager dans le coin et il est libre depuis juste assez longtemps pour être bien mûr, prêt à cueillir. Je ne te dis rien de plus. Je t'attends samedi, dix-huit heures, sans faute.

— Oui, patronne. Permets-moi une seule question…

— Hummm… Vas-y.

— Serait-il ingénieur en structure par hasard ?

— De *quoi* parles-tu ? En as-tu fumé du bon, cou'donc ?

J'éclate de rire. J'ai hâte de revoir Odile même si je suis persuadée que l'homme qu'elle m'a déniché n'est pas celui que j'espère.

— Je cherche un ingénieur en structure, c'est tout. Je te raconterai…

Depuis quelques semaines, les recommandations et les conseils fusent de toutes parts, sollicités ou pas. Tous les hommes autour de moi ont une opinion très arrêtée sur la façon dont je dois mener l'opération de sauvetage de ma petite maison. Chacun d'eux veut mon bien. Chacun d'eux détient *la* solution. Chacun d'eux est persuadé d'avoir raison. Mais aucun d'eux n'est du même avis.

Mon frère cadet :

— La bâtisse vaut pas le coût des travaux. Fais réparer juste ce qu'il faut et revends au plus sacrant.

Rock :

— Toi !? Diriger un gros chantier ? (Rires.) Excuse-moi… (Rires encore plus sonnants.) Fâche-toi pas… (Clic.)

Dgépi :

— Tu fais la bonne affaire. Ta maison va tripler de valeur. Comme la mienne ! C'est vrai que ton lac est plus petit… et que t'as des nénuphars… mais ça ne change rien. Investis, ma chérie !

Ti-Guy :

— Au diable la fondation. Installe-toi sur pilotis. C'est ce qu'il y a de plus simple, de plus économique et de plus fiable. T'as vu chez moi, à Sutton ? Rien ne bouge. C'est numéro un.

Fiston deux :

— T'es capable, maman. À condition d'être sur place à plein temps pendant la durée des travaux.

— Je peux quand même pas vivre dans une maison juchée entre ciel et terre, non ?

— Installe une tente à côté si tu as peur des hauteurs.

— Les travaux auront lieu à l'automne ! Il va faire froid.

— Tant pis. Il faut ce qu'il faut.

Bob :

— Je connais pas grand-chose aux maisons, mais, à ta place, je déménagerais dans un endroit déjà rénové. Tu t'embarques dans un paquet de trouble. Je voudrais pas être dans tes chouclaques…

Peter Pan :

— Moi, si j'étais toi, je ferais rien. Le mur penche, il y a un ruisseau dans le sous-sol, les fenêtres et les portes sont dures à fermer… C'est pas la fin du monde. Elle tombera pas dans le lac demain, ta maison !

Philippe, mon voisin :

— Nous, on l'a fait il y a dix ans. L'enfer, madame ! À recommencer, c'est sûr qu'on réparerait la fondation au lieu de lever la maison.

Denys :

— T'as pas *une* fondation, ma belle, mais *trois* ! La bâtisse originale d'une seule pièce a subi deux agrandissements improvisés par des patenteux. Si tu lèves ta maison, ça va péter de partout, garanti.

Fils numéro un :

— Je m'y connais pas beaucoup, maman, mais t'as refait le toit et les planchers déjà, non ? Il me semblait qu'en rénovation, on doit toujours commencer par le bas…

Mon frère aîné :

— On lève pas une maison quand le terrain est grand comme ma main. La meilleure façon de t'en sortir, c'est en mettant la clé dans la porte. Déclare tout ce qui cloche, comme ça personne pourra te poursuivre pour vices cachés. Attends pas. Vends ! Ça presse.

Rock m'a trouvé un ingénieur en structure. Marié mais parfaitement qualifié pour déterminer si oui ou non la maison des petits cochons peut supporter le choc d'un détachement du sol, assorti d'une longue séance d'élévation. Verdict de l'auguste spécialiste : oui. En attendant le début des travaux, j'ai entrepris de fouiller dans les fondations de ma petite personne pour en extraire le courage et la confiance nécessaires à la poursuite du projet, quitte à dynamiter de grosses frayeurs et des préjugés aussi solides qu'un rocher.

C'est dans cet état qu'à la date et à l'heure dites, je me présente chez Odile et Jacques avec mon brave Timothée, heureuse de prendre congé de la maison des petits cochons, où trop d'interrogations me taraudent entre les séances d'écriture.

À mon arrivée, mes hôtes et leur invité-surprise discutent avec entrain, debout dans la cuisine très *House & Garden* de mes amis. En m'apercevant, Odile saute sur moi et Jacques me serre dans ses bras. André se retourne. Nos regards se frottent l'un à l'autre. Une gerbe d'étincelles jaillit. La tension est telle qu'Odile et Jacques restent bouche bée, statufiés. Puis, un peu comme si le Grand Orchestrateur des scénarios de la vie appuyait sur le bouton « en marche » après avoir choisi « pause », la conversation reprend, joyeuse, animée. Le ton reste léger toute la soirée. Blagues, boutades, anecdotes, récits amusants ponctués d'éclats de rire et d'œillades.

Une sorte de pudeur gouverne nos échanges même si on se dévore des yeux en catimini. Je note tout ce que mon regard peut capter, soulignant au passage la perfection des traits, le sourire espiègle, la voix chaude et soyeuse, le corps à peine lourd, grand et musclé, solidement ancré dans le sol. Malgré le ton des conversations, une belle sagesse émane de ses propos. Et ses yeux d'un vert exquis auréolé d'or me troublent d'une manière telle que j'ai l'impression d'avoir quatorze ans.

Odile bâille, Jacques cogne des clous, Timothée s'est installé pour la nuit sur un coussin de velours, persuadé, étant donnée l'heure, que nous dormons ici. André parle et je le relance depuis trop longtemps déjà. Redevenue polie, j'annonce mon départ. Le nouvel homme de ma vie se lève au même moment, prononce les mêmes bonsoirs.

Il marche derrière moi dans la nuit surpeuplée d'étoiles parmi lesquelles se glisse un mince filet de lune. Arrivée à ma voiture, je me retourne lentement. Il fait trois pas, n'hésite même pas, glisse ses mains dans mon dos, m'attire vers lui, effleure ma joue de ses lèvres, cherche ma bouche et me rappelle combien un baiser peut être délicieux.

Il habite une ravissante maison de pierres qui n'a pas à craindre le souffle d'un loup, au bord d'une rivière impétueuse où l'eau déferle en répandant des crêtes mousseuses. Le site est idyllique. André a installé deux fauteuils en osier près des flots. C'est là qu'il nous sert l'apéro. Un cocktail rose-orangé servi dans un verre de style Martini assorti d'un mignon bâtonnet pour touiller les liquides. L'homme est aussi séduisant que chez Odile mais moins gai, plus nerveux peut-être. J'ai tellement anticipé ce moment depuis le fameux baiser que je n'ose pas respirer trop fort de crainte qu'un infime mouvement inopportun fasse chavirer mes espoirs, un peu comme le battement d'ailes d'un papillon peut déclencher un ouragan de l'autre côté de la planète.

Il parle peu, semble appliqué, soucieux de bien faire et de plaire. Un gentleman. Un prince. Le silence entre nous n'est pas inconfortable. Nous le laissons nous bercer. Jusqu'à ce qu'une question issue de je ne sais où franchisse mes lèvres avant que je ne lui en donne la permission :

— Es-tu heureux ?

Un plein ciel d'émotions brouille son regard vert tendre. Réserve, méfiance, angoisse momentanée peut-être, puis résignation ou abandon.

— Non.

Je ne dis rien. Son regard court. Comme aux abois.

— C'est fou, hein? lâche-t-il en balayant le paysage d'un bras. Je devrais, pourtant, n'est-ce pas?

Ça me rappelle l'histoire des trois personnes en bateau, un soir d'été, à la tombée du jour, avec une bouteille de vin et trois verres. Que manque-t-il à cet homme si charmant?

— Pourquoi?

Il hausse les épaules, tente un sourire qui à peine esquissé se brise. Timothée gambade vers nous, de retour d'une chasse à l'écureuil. Je sais qu'il ira vers André. Mon petit paquet de poils se prend pour un clown. Il détecte les gens tristes et veut absolument les égayer. Qu'ils le souhaitent ou non.

André réagit aux bonds désespérés de Tim en le caressant distraitement du plat de la main. Son regard me scrute. Il ne songe plus à séduire. Il a abandonné son habit du dimanche pour enfiler ses vêtements de tous les jours, ceux de la vraie vie. Il a renoué avec lui-même.

L'homme s'éclipse, Timothée à ses trousses. Revient avec deux autres cocktails et des grignotines. Je me jette sur les friandises salées pour faire contrepoids au premier cocktail trop puissant.

— Au bonheur! propose André en faisant tinter son verre contre le mien.

Je devrais répéter ses paroles, mais je n'y arrive pas. Je me suis transformée en éponge. Ça m'arrive souvent. J'ai un vrai don pour ça, fort utile quand vient le moment de me glisser dans la peau d'un de mes personnages mais lourd et parfois gênant dans l'univers de la non-fiction. Je n'y peux rien. J'absorbe les émotions du beau monsieur à côté de moi. Je goûte sa tristesse, son ressentiment, son impuissance. Sa déception aussi. Il aurait préféré que je m'abstienne de poser ma maudite question. Es-tu heureux? Une phrase piégée lancée en tout début de soirée. Quelle impudence! Quelle imprudence! Sans ces trois mots, il aurait pu garder son habit du dimanche. Ne pas caler son deuxième cocktail. Ne pas calciner les pièces de bœuf.

Il m'en veut et je m'en veux également. C'est la faute de Paul, me dis-je dans un effort pour me disculper, tout en sachant trop bien qu'il faudrait reformuler la phrase. C'est notre faute, à Paul et à moi. C'est la faute de notre immense désir d'être ensemble malgré les multiples signaux avertisseurs de danger autour de nous. Notre histoire m'a rendue prompte à vouloir tout savoir d'un homme ultra rapidement pour chasser les illusions.

Je ne veux plus de tsunami dans ma vie. Je ne veux plus jamais avoir mal comme si on m'arrachait les tripes. Je ne veux plus aimer le mirage de quelqu'un. L'espoir d'une métamorphose. L'attente d'un miracle. C'est pour toutes ces raisons et d'autres encore que j'ai osé formuler une question meurtrière.

André s'est livré. Il m'a tout raconté. Malgré mes tentatives de diversion. Malgré mes efforts pour réinstaller le plaisir, la légèreté, le désir. Une vie entière déballée en quelques heures. L'échec parental, l'échec amoureux. Sa certitude d'être le maître d'œuvre d'un désastre. D'avoir tout bousillé en investissant trop dans son travail, en négligeant sa tendre moitié et sa fille, qui le boude aujourd'hui.

Le pire, c'est qu'à l'entendre, je ne peux qu'être d'accord avec lui. La femme qui l'a largué, non pas pour sauter dans les bras d'un rival mais simplement pour recouvrer sa pleine liberté, me semble tout à fait adorable. Plus il en parle, plus j'ai moi-même envie d'épouser cette dame, technicienne dentaire de métier mais également, pour les besoins de la famille, infirmière, pédagogue, psychologue, travailleuse sociale, femme de ménage, décoratrice d'intérieur, gestionnaire de petits et grands projets et, bien sûr, cuisinière. Nostalgique des trésors perdus, André y va de descriptions qui me font saliver : couscous royal, paëlla aux fruits de mer, muffins à la poire et au caramel…

Même si j'aime les hommes et ne puis m'imaginer dans une pose érotique avec une autre femme, je dois faire un effort pour arrêter de fantasmer sur Josée tant la vie à ses côtés semble idyllique. J'ose suggérer à André que les torts sont normalement partagés. Que rien n'est si définitif. Que la vie est une toile sur laquelle on peut toujours étaler de nouvelles couleurs, peindre de gros soleils dorés, comme font les enfants sur les feuilles de papier blanc.

Il m'écoute sans m'entendre. Aime-t-il encore Josée ? Je n'en suis pas sûre. Il me fait penser à un gamin à qui on a retiré le jouet qu'il avait oublié. Et voilà que, tout à coup, c'est le seul qui lui plaît, le seul auquel il tient vraiment, le seul avec lequel il peut s'amuser. Les petits gamins et les grands garçons n'apprécient pas de perdre ce qu'ils possèdent.

Une chance qu'on ne s'est pas donné rendez-vous chez les petits cochons parce qu'au moment de servir les crèmes brûlées de la pâtisserie que j'ai jadis moi aussi fréquentée, André est *full* paf. Son taux d'alcoolémie le rend inapte à marcher droit, à poser son verre sur la nappe sans risquer de tout arroser et, bien sûr, à faire la cour à une femme spécialiste des questions assassines. L'homme est resté intelligent, gentil, attachant aussi, mais il est beaucoup moins séduisant avec les yeux vitreux, la bouche molle et le pas chancelant. Grâce à nos honorables efforts pour sauver la soirée, ce ne fut pas désastreux. Je suis quand même soulagée que ce soit fini.

Devant la porte, il sourit, un brin piteux. Il sait et je sais qu'on ne se reverra sans doute pas. Mais que si d'aventure on se croisait sur la route, chacun aurait sincèrement envie de prendre des nouvelles de l'autre. En différentes circonstances, à une autre époque, il y a dix ans ou dans dix ans, le désir initial des corps aurait sans doute pu laisser s'épanouir des sentiments amoureux. Mais pas là. Voilà.

Sur la route de retour, j'écoute un des succès de Dubois et chante avec lui: «Personne... Il n'y a plus personne...» Mon souffle est court, ma voix se brise sur certains mots. «Personne... J'ai besoin, j'ai personne...» «Je ne sais pas si j'ai peur...»

Il y a un an j'ai fait jouer à répétition cette chanson. Cent fois, mille fois, des semaines durant, elle m'a accompagnée. *Si Dieu existe...* Quel titre! J'ai besoin de l'entendre à nouveau ce soir. De la faire jouer en boucle.

Il y a un an aujourd'hui que le papa de mes enfants est parti. Un an que l'homme avec qui j'ai passé la moitié de ma vie est mort subitement, quelques années après qu'on s'est quittés, quelques années après que je l'ai laissé.

*P*incez-moi quelqu'un! Catherine, ma voisine immédiate, ce grand échalas qui, depuis mon arrivée, s'acharne à me démontrer qu'elle n'apprécie pas ma présence, m'offre un beau gros plant de muguet qui a fini de fleurir mais respire la santé.

— J'en avais trop. J'ai pensé que ça te plairait..., souffle-t-elle comme pour s'excuser.

Il s'est passé quelque chose au cours des derniers mois dans la rue cachée. Quoi exactement? Je n'en ai aucune idée. On dirait que j'ai complété avec brio un rite d'initiation inconnu. Que j'ai acquis le droit d'habiter ici.

Catherine en profite pour me souhaiter bon courage avec les travaux à venir – tout se sait dans le coin! –, ajoutant au passage:

— Ta maison le mérite bien!

L'affirmation me prend tellement au dépourvu que je reste sans voix. Ma voisine est déjà repartie lorsqu'une foule de questions se bousculent à mes lèvres. Que sait Catherine de la maison des petits cochons? De son passé, de ceux qui l'ont habitée, à part Lili et les derniers occupants, qui ont remis la maison en vente au bout de deux ans seulement? L'ont-ils quittée parce que la fondation s'écroulait ou parce qu'ils n'étaient pas dignes de vivre ici?

Mon imaginaire s'enflamme. Ma petite demeure a été le théâtre d'évènements marquants qui en font un lieu sacré. Voilà qui explique pourquoi les sœurs me traitaient en étrangère depuis mon installation. Elles m'ont trouvée impertinente de venir déposer mes bagages au pied de la rue cachée, comme si j'emménageais dans une simple maison alors que le site commande un respect particulier dû à son passé.

J'allais poursuivre dans la veine romanesque lorsqu'une phrase plus prosaïque de Catherine me revient.

— Avez-vous obtenu votre permis? a-t-elle demandé.

Le permis de construction! Le début des travaux me paraissait tellement éloigné – tout un été à attendre! – que je n'ai pas inscrit cette tâche à mon agenda. Or, la date approche. Quelques semaines seulement. Au secours!

Une bière plus tard, Natalie m'a déjà sauvé la vie. Ma brave amie étant déjà passée par les mêmes rouages, elle peut tout m'expliquer en détail: le nom des responsables à la municipalité, la meilleure façon de m'y prendre, les enjeux et les risques. Pour plus de sécurité, parce que la maison des petits cochons empiète effrontément sur la bande riveraine, Nat invite Ugo, un chouette voisin qui a rénové sa maison l'an dernier et qui habite comme moi à deux sauts de puce de l'eau.

Une bouteille de vin plus tard, je saisis mieux la délicatesse de l'opération permis de construction. Et j'ai la trouille !

— Il faut utiliser les bons mots, prévient Ugo. En gros, n'oublie jamais que tu bénéficies d'un droit acquis. En conséquence, tu n'as pas le droit d'agrandir ta maison ou de changer sa vocation.

— Elle peut pas défroquer ?

— Nounoune ! rouspète Nat.

— Ils sont tatillons, m'apprend Ugo, sérieux. Ils vont t'expliquer que le sous-sol de service doit rester un sous-sol de service. Ils pourraient également t'empêcher de creuser pour refaire la fondation s'ils décidaient que c'est un agrandissement.

La gravité de l'avertissement justifie l'ouverture d'une autre bouteille de liquide rouge, prélude à des délibérations additionnelles. Quelques millilitres plus tard, la manière d'attaquer est trouvée, puis, une fois la bouteille calée, l'ensemble de la stratégie est rejetée.

En l'absence d'un conjoint, Mishe me sert d'accompagnatrice-conseillère-témoin. Mathieu attend avec nous l'arrivée de l'inspecteur de la municipalité et du directeur de l'environnement chargés d'émettre le précieux permis.

Accouru ici entre deux visites de chantiers, notre bon gros géant consulte sa montre aux trois minutes, pressé de repartir. Au cas où l'un ou l'autre de nos invités municipaux n'apprécieraient pas les quadrupèdes, Timothée a été écarté. Il dort chez Nat.

Les voilà, enfin. Étant donnée l'importance de l'enjeu, les battements de mon cœur s'accélèrent un peu. Ugo et Mathieu m'ont fortement conseillé de parler le moins possible, histoire de ne pas me tirer dans les pieds. Je laisse donc les deux experts municipaux jauger le mur qui penche, les fissures dans le béton, le cataclysme souterrain. Ils conviennent tellement rapidement que ma petite maison a urgemment besoin d'une « réparation de fondation » que je me sens un tantinet outragée. Quoi ? C'est si tant pire que ça ?

Le responsable de l'urbanisme me répète ce que je sais déjà à propos de la vocation inaltérable de mon sous-sol. Puis, le directeur de l'environnement explique à Mathieu les précautions à prendre puisque les travaux empiètent sur la bande riveraine. Finalement, monsieur urbanisme conclut :

— Un permis de réparation de la fondation sera émis. Vous pourrez venir le chercher dans les prochains jours.

Je lance un appel au secours silencieux à Mathieu. Doit-on intervenir ? Ont-ils compris que la « réparation » correspond à une démolition totale avant reconstruction après élévation puis excavation avec en prime un dynamitage possiblement incontournable ?

Mathieu hésite. L'espace d'un instant, j'imagine une réunion avec les mêmes experts municipaux au cours de laquelle j'apprendrais que j'ai outrepassé les limites du permis, une fois les travaux terminés et payés. Qu'arriverait-il à ce moment? Je me retrouverais en prison ou on m'obligerait à démolir ma maison?

Trêve de dissimulation. Appelons les choses par leur nom: démolition, élévation, excavation, dynamitage, ainsi que le pire:

— Pour respecter les règles de construction d'une fondation solide, il faudra peut-être redéposer ma maison... sur des fondations un peu plus hautes...

Le monsieur de l'urbanisme fronce les sourcils, celui de l'environnement fait la grimace. Une phrase d'Ugo, écrivain lui aussi, me revient. «Tout est dans le choix des mots», m'a-t-il avertie.

— Il ne s'agit pas d'un agrandissement. Je n'ai pas besoin de plus grand. Sauf qu'en excavant et en dynamitant pour atteindre la profondeur requise, quitte à changer la hauteur des murs de fondation si nécessaire, il se peut qu'on modifie la superficie...

Les deux experts sont soulagés. J'ai trouvé les mots-clés. Fiou! Monsieur urbanisme précise:

— Tant que vous n'augmentez pas la surface habitable.

Je déglutis. Mathieu semble s'amuser et Mishe, en catimini, me pince le bras, une façon de me prévenir que j'avance en terrain dangereusement miné. Mon cerveau se met à travailler en mode accéléré. Dgépi a mentionné que je pouvais augmenter la valeur de ma maison en profitant de la grande opération pour doubler ma superficie. «Tout se négocie», a-t-il fait valoir.

— Je ne compte pas l'habiter, dis-je. Mais… pour bien isoler… il faut couler une dalle de béton.

— C'est normal, approuve monsieur urbanisme. Mais vous ne pouvez pas ajouter de plancher.

— Bien sûr. J'aimerais aussi, pour profiter de l'énergie solaire en matière de chauffage, remplacer la porte du sous-sol existante par une porte-fenêtre.

Long silence. Échange de regards entre les deux experts.

— Ça se défend, admet monsieur environnement.

— Le droit d'avoir une porte est déjà acquis, concède son confrère.

Mathieu se mord une lèvre, les yeux de Mishe s'arrondissent.

— Je vais devoir isoler les murs à l'uréthane si je ne veux pas que les tuyaux gèlent…

Mes deux juges approuvent de la tête.

— Mais l'uréthane étant inflammable, je devrai le recouvrir de… quelque chose.

Soupir d'impatience de monsieur environnement, ombre d'un sourire sur le visage de l'autre.

— Bon… Avez-vous d'autres questions, s'enquiert monsieur urbanisme sans utiliser le ton interrogatif, l'air de dire, ça suffit, c'est assez, l'entretien est terminé.

Je me sens légèrement euphorique en songeant à ce que je viens de peut-être gagner. Puis-je décemment étirer encore un brin l'élastique? Rien ne sera consigné sur papier de cette discussion, mais Mathieu et Mishe pourraient me servir de témoins en cas de représailles ou de divergences quant à l'interprétation des limites du permis.

— Si jamais je pouvais installer une table et une chaise devant la porte-fenêtre, ce serait formidable…

— Un bureau constitue un agrandissement, tranche monsieur environnement.

— Bien sûr… mais… même maintenant…

J'essaie d'oublier l'aspect des lieux où nous sommes. La pierre, la boue, les vieux bouts de bois partout, l'odeur de moisi et de vieille grenouille. Papa aimait répéter qu'il faut parfois avoir du front tout le tour de la tête. Je m'en invente.

— Je pourrais déjà installer une table et une chaise. La hauteur du sous-sol dans la partie sur la bande riveraine le permet. Alors pourquoi serait-ce interdit une fois les travaux complétés?

Monsieur urbanisme hésite entre rire et se fâcher. L'autre broie du noir foncé. Changement de stratégie. Je plaide:

— Mon métier, c'est d'écrire. J'écris partout. N'importe où. J'aimerais seulement pouvoir écrire ici aussi.

Ma profession les amuse. Ai-je déjà été publiée? Oui. Soixante-dix fois environ. J'écris pour les tout-petits, les moyens, les grands, les adolescents et les adultes depuis presque toujours.

— C'est pour ça que j'ai besoin de changer de lieu souvent, dis-je. Il faut… trouver l'inspiration.

Les deux experts ont très bien compris mon jeu. Monsieur environnement semble excédé, monsieur urbanisme soupèse chaque mot prononcé.

— Rien dans nos documents n'interdit à un résident d'installer une table où il le veut, tranche-t-il.

Le téléavertisseur de Mathieu sonne pour la troisième fois. Notre bon gros géant m'adresse un clin d'œil admiratif et se prépare à partir. Monsieur environnement a déjà une main sur la poignée de porte du sous-sol.

— J'écris en buvant de la tisane, ce qui me donne envie de pipi…

Mishe relève les épaules comme pour rentrer sa tête à la manière d'une tortue dans sa carapace. Déjà en route vers la sortie, Mathieu s'arrête soudain, curieux.

— La toilette serait écologique et je l'installerais dans la section du sous-sol qui ne fait pas partie de la bande riveraine…

Quelles sont les trois personnes que j'aimerais le plus inviter à dîner ? Mon éditeur britannique m'a soumis douze questions du genre pour son site Web, histoire de souligner la publication du premier tome de ma série pour enfants mettant en vedette une drôle de dame qui parle à haute voix à son caillou. Répondre tout court, c'est facile. En anglais, houla !

Manu ! Gestionnaire de projet dans une grosse firme et parfaitement *bilingual*. En plus, ça fait trop longtemps qu'on s'est vus. Je lui expédie mon devoir terminé en le priant de corriger les fautes de syntaxe et d'orthographe. En fin de message, j'ajoute : « *Fô kon svoi.* » Vingt minutes plus tard, il me renvoie le texte avec des suggestions de modifications en rouge. Petite note en bas de page : « *Kosse tu fa ce ouikènne ?* » Spontanément, je réponds : « Rien. Je suis tout à toi. »

Hon ! Qu'est-ce qui me prend ? C'est sorti tout seul, sans que je réfléchisse. J'efface vite. « T'es en manque pas à peu près ! » dirait Cricri. Pas parce que Manu n'est pas séduisant, bien au contraire, simplement parce qu'on est amis, rien de plus, depuis le début. On s'est rencontrés à une fête. Super chouette soirée sans que la chimie amoureuse semble être au rendez-vous. On a eu envie de se revoir quelques semaines plus tard. Et depuis, on prend un verre ou on casse la croûte régulièrement.

Je saute sur mon agenda papier. Le prochain *ouikènne*, c'est… le dernier avant le début des travaux! Mon cœur s'emballe. Revoir Manu, oui! Et tous les amis aussi. Au lieu de pendre la crémaillère, on célébrera le début d'un nouveau chapitre dans l'histoire de la maison des petits cochons. Un courriel plus tard, Mishe, Bob, Cricri, Ti-Guy, Suzanne, Dgépi, Loulou, Peter Pan, Yvon, Nat du Nord, Nat de Montréal, Denys, Richard, Rock, Sylva, Odile, Jacques, fiston un et sa dulcinée, fiston deux et sa fiancée, fille unique et, bien sûr, Manu sont invités. Le menu? Chacun apporte ce qui lui chante. Tant pis si on se retrouve avec trois fois plus de desserts cochons que de salades santé.

La baignoire est remplie de bouteilles et de glaçons, les gla-cières sont pleines à ras bord et le frigo déborde. Mishe gère les arrivages, déterminant avec aplomb ce qui doit aller au frais, ce qui peut supporter la chaleur et ce qui exige une attention immédiate. Loulou et Suzanne obéis-sent à ses ordres en riant des travers de Dgépi et de Ti-Guy, leurs colorés conjoints. En moins d'une heure, pendant que d'autres font les fous sur le radeau au milieu du lac-étang, Yvon et Manu ont bricolé une table supplémentaire et deux bancs avec une vieille porte et des planches déni-chées au fond du sous-sol. Les deux Nat ont pillé mes plates-bandes, qui seront bousillées dans quelques heures par de gros véhicules, afin de garnir les tables de fleurs.

Pendant que je cours de gauche à droite, totalement ineffi-
cace comme chaque fois que je suis trop heureuse, Denys et
Dgépi s'ingénient à réparer tout ce qui cloche depuis longtemps chez les petits cochons, du pommeau de douche
dangereux aux poignées de porte qui ne tournent plus en
passant par le ventilateur souffreteux de la chambre bleue.
Richard leur fait compétition. Arrivé avec un plein sac de
gradateurs, il s'est donné pour mission de remplacer la
lumière trop crue par un éclairage d'ambiance. Timothée,
aux anges, se roule dans l'herbe avec Mega et Gomme
Baloune, ses meilleurs potes, fidèles compagnons de Nat
de Montréal et de Denys.

La faim rassemble peu à peu les convives autour des
tables et du BBQ.

— Attention, tout le monde! commence Ti-Guy,
haussant la voix et bombant le torse pour mieux captiver
l'auditoire. Au menu ce soir, nous avons, à ma droite, les
saumons olympiques fraîchement pêchés par nul autre
que moi-même au nord de Natashquan et, à gauche, les
truites anémiques que Manu a sûrement attrapées dans un
étang pour enfants. J'aimerais ajouter que, selon la revue
Scientific American, il existe un lien clair entre les prises
d'un pêcheur et son appareil reproductif, mais on ne
s'étendra pas trop sur le sujet, hein, Manu?

Celui-ci pouffe en même temps que tout le monde. Ti-
Guy poursuit la comédie en remontant très disgracieuse-
ment la taille de son jean quasiment sous ses aisselles, puis
il gonfle son ventre comme s'il couvait un bébé d'au moins
six mois, avale une longue lampée de bière et y va d'un
concert de rots bien sonores. Les filles protestent en riant,

des voix masculines relancent Ti-Guy, l'hilarité croît de plusieurs crans et les langues se délient davantage pendant que les pêcheurs font griller leurs prises. Manu, bon prince, s'amuse des moqueries de Ti-Guy, très en verve ce soir.

Les fumets du filet de bœuf façon Pittsburgh, spécialité d'Yvon, se mêlent bientôt à ceux des poissons grillés aux épices secrètes de Ti-Guy, et Loulou en rajoute avec les arômes étonnants de son tofu mariné au gingembre, qu'elle fait braiser sur un hibachi. Sylva distribue des bols de houmous et de purée de betterave préparés selon les instructions de sa mère libanaise, Nat de Montréal met la dernière main à d'immenses plats de salade à la grecque généreusement aromatisée de basilic frais, et chacun ajoute un mets unique attrapé au marché Jean-Talon ou cuisiné maison. Nat du Nord éparpille des fleurs comestibles de son jardin sur le généreux buffet en taquinant Richard, qui ne la quitte pas des yeux.

Le soleil flirte avec l'horizon. C'est mon heure préférée. Les invités sont gais, les effluves capiteux, il y a de la bouffe pour une armée et, à voir le nombre de bouteilles de vin se multiplier au lieu de diminuer, on se croirait en plein Évangile. Mes yeux se baladent d'une table à l'autre, satisfaits. Si j'étais un chat, je ronronnerais. J'aperçois Manu, un peu en retrait, comme souvent. On jurerait qu'il m'épiait. Un vaste sourire illumine son visage alors que nos regards se touchent. Il lève le pouce pour me signifier que la fête est réussie. Je n'avais jamais remarqué avant que ses iris sont aussi bleus.

Une voix réclame notre attention.

— À ma mère ! lance fiston premier, doué pour me faire fondre.

Sa sœur en rajoute en lançant des cris de Sioux.

— À la maison des petits cochons et à vous tous ! dis-je en levant ma coupe, surprise de me découvrir aussi émue.

— Et que les absents brûlent en enfer ! ajoute Cricri, furieuse contre Roméo, qui a refusé d'annuler un rendez-vous pour se joindre à nous.

— À tous les hommes qui auraient pu être des nôtres si notre hôtesse n'avait pas si mauvais caractère, propose Peter Pan, le verre haut et les jambes flageolantes.

Les rires fusent.

— Raconte les derniers ! C'est trop drôle ! implore Christiane.

— Oui ! Oui ! renchérit Nat du Nord en battant des mains à la manière d'une fillette.

— Allez ! Allez ! entonne Richard, de plus en plus scotché à Natalie.

Je ne vais quand même pas partager mes derniers désastres amoureux avec tout ce beau monde. D'un ton ferme, en appuyant sur les adjectifs et sans quitter Christiane des yeux, je déclare :

— Confidence. Définition : communication *intime* d'un secret *personnel*.

Après un concert de protestations et un shooter de whiskey gracieuseté de Dgépi, je me résous à prendre la parole, bien décidée à limiter les révélations. C'est sans compter les scènes cocasses qui me reviennent tout à coup, si bien que, l'alcool aidant, je me lance :

— Argon52.

— De kessé ? s'étonne Bob.

— C'est le genre de noms qu'ils se donnent sur les sites Internet, explique Mishe en le couvant d'un regard amoureux.

— Je vous dis pas son vrai nom…

— Raconte le cimetière et le jus vert! me presse Christiane.

Tous les visages sont tournés vers moi. La vaste majorité de mes amis savent que j'ai mené une vaillante et infructueuse chasse à l'âme sœur au cours de la dernière année. Ils se régalent donc à l'avance des détails à venir.

— Disons que c'est un vrai gars de plein air. Le genre qui dort avec son sac à dos. Il me convainc de partager un « pique-nique-surprise » en guise de premier rendez-vous. Je trouve ça mignon, alors j'accepte. On monte Camillien-Houde à vélo… Pour ceux qui ne le savent pas, c'est la route qu'empruntent les voitures pour traverser le mont Royal. Il nous fait rentrer dans le cimetière un peu après le lac des Castors. Et là, il réussit à nous faire grimper encore. On s'arrête sur un button encerclé de pierres tombales.

— Ouache ! C'est morbide, proteste Odile.

— Très franchement, la vue était magnifique. C'est beau, un cimetière, mais c'est sûr que pour une rencontre romantique… Le gars sort un pique-nique de ses sacoches de vélo. Il étale tout plein de petits pots genre Tupperware sur une serviette de plage qui fait office de nappe. Je ne peux pas voir ce qu'ils contiennent. Il fait apparaître deux verres de vin en beau plastique imitant le verre. Et là…

Cricri pouffe. Je la fusille du regard. Déjà qu'elle m'a contrainte à jouer la Shéhérazade, pas question de ruiner mes effets.

— Il sort une bouteille de jus vert ! s'esclaffe Christiane.

J'éclate de rire malgré moi en revisitant mentalement la scène.

— Je m'attendais à un bon vin et il m'offre du jus de pelouse. Un mélange de végétaux vert ouaouaron totalement infect ! Ça m'a rappelé quand ma mère nous administrait une cuillerée d'huile de foie de morue le dimanche avant le dodo.

— Mais c'est pas tout, annonce Cricri.

J'ai un peu honte. Ce n'est pas gentil de se moquer d'autrui. Mais enfin, crotte ! l'homme en question ne s'est jamais soucié de me demander ce que j'aimais boire et manger.

— Le contenu des petits pots de plastique était parfaitement agencé au jus d'herbe. Du grand Chartier ! Des algues, du chou frisé cru, des pousses de pois vert, une tartinade de tofu grisâtre… rien à voir avec ce que tu cuisines, ma Loulou ! Du pain vivant aussi… un truc pas cuit qui goûtait le carton ranci. Et j'en passe !

— OK. Mais oublie le menu. Le gars, lui? demande Mishe.

— Comme ses petits plats! Sec, frette, fade tirant sur l'amer. Intelligent pourtant. Non, brillant. Docteur en chimie. Quand même. Il a peut-être le syndrome d'Asperger…

— De kessé? questionne encore Bob.

— Oubliez ça… Le gars était… spécial. C'est tout. Un mordu de santé terrifié par l'idée de vieillir. Tout le long du repas, où je n'ai rien bu ni mangé, il m'a étourdie avec ses recettes réparatrices, ses exercices de méditation miracles, ses entraînements maximisés et ses dispositions d'esprit salvatrices, le tout conçu pour repousser le vieillissement. Le genre de personne qui fait tout pour vivre longtemps en oubliant de vivre maintenant.

— Un grand jouisseur! résume Nat du Nord.

— OK. T'avais raison de le *flusher*, déclare Sylva. Mais les autres?

Je tranche aussitôt:

— Les autres, ce sera pour une prochaine fois.

*M*anu m'a sauvée en accordant sa guitare. Dès les premières notes, l'atmosphère s'est faite feutrée, comme si une fine dentelle recouvrait l'assemblée. Emmanuel est resté penché sur son instrument, les yeux fermés, pinçant les cordes durant plusieurs minutes, un grand cahier ouvert sur ses genoux, avant d'attaquer *Tu m'aimes-tu* de Desjardins, le ton juste et grave. Les filles les plus en voix se sont agglutinées autour de lui. Pas moi. Je chante comme un crapaud. À l'école, la prof de chorale m'obligeait à remuer les lèvres sans produire de son pour ne pas gâcher le récital. Je suis donc restée à l'écart, profitant du concert pour me remémorer le dernier candidat.

Nom de code : musiquedumonde. Je n'ai jamais saisi le lien entre ce nom et l'homme. MDM est tombé follement amoureux de ce qu'il pensait avoir vu en moi au bout d'environ trois cents secondes. Je l'ai d'abord vu dans ses yeux. Il est aussitôt devenu affreusement sirupeux. Et avant même que nos cafés soient servis, il m'a confié qu'il n'avait jamais de sa vie éprouvé pour quelqu'un ce qu'il éprouvait à cet instant pour moi.

Je me souviens de la réaction de Nat du Nord, à qui j'ai raconté l'étrange épisode.

— C'est trop mimi! Chanceuse! Ça ne m'est jamais arrivé. Un gars qui craque sur-le-champ. Quoi? Pourquoi fais-tu cette tête-là?

— Ça m'a insultée.

— T'as pas d'allure!

— Non. C'est lui.

— Explique-toi…

— Je trouve ça… vexant. Penses-y, Nat. Que quelqu'un s'imagine te connaître suffisamment pour décider que tu es la femme de sa vie au bout de cinq minutes. Quand même! Je me sens un peu plus complexe que ça.

— Il a vu ce qu'il a vu, tu ne peux quand même pas lui en vouloir de te trouver de son goût.

— À la seconde où il a décidé que je faisais son affaire, le gars ne s'est même pas soucié de comment, *moi*, je réagissais à lui. Zéro effort de séduction. Il s'est tout de suite mis à étaler ses avoirs. Sa cabane de luxe, son char sport, sa grosse bizness… Je me suis sentie comme une bébelle dans un encan. Il avait décidé qu'il m'achèterait et il démontrait qu'il pouvait payer.

— Tu charries pas un brin?

Je médite sur cette question en faisant semblant de ranger des plats, histoire de mieux faire le point sur ma vie amoureuse désastreuse. La voix de Manu se réchauffe dans la nuit naissante alors qu'il amorce *Stairway to Heaven*. Une interrogation me taraude. Les hommes sont-ils tous étranges? Ou est-ce moi qui attire les hurluberlus? Suis-je affligée d'une tare ? Mes phéromones sont-elles détraquées ? Pourquoi, diable, est-ce que je tombe toujours sur des individus bizarres ou pas d'allure ?

Ma décision est prise. C'est fini. F, i, fi, n, i, ni. Tant pis. J'ai essayé. Ça n'a pas fonctionné. C'est tout. Inutile de s'acharner. J'ai trois enfants que j'aime à mourir, des amis remarquables, un adorable compagnon à quatre pattes et une maison… une maison… mignonne mais non fonctionnelle, décrirait Dgépi. Aussi fuckée qu'attachante, corrigerait Peter Pan. Pourrie ! trancherait Rock. Comment dire dans ce cas ? Une maison en mal de beaucoup d'amour ? L'expression me donne des boutons. Une maison… une maison qui dans quelques heures sera prise d'assaut par un régiment de réparateurs en tous cas.

Un terrible pressentiment m'envahit soudain. Avec le niveau de bruit ici, un appel téléphonique n'aurait pas été entendu. Je soulève le combiné. Quelqu'un a laissé un message…

— Qu'est-ce qui se passe ? demande Mishe tandis que je rejoins mes invités.

Elle me connaît trop pour se laisser berner par mon semblant de sourire plaqué sur un visage d'enterrement.

— Les travaux sont reportés. Un ouvrier s'est blessé et une machine est brisée.

— Es-tu en train de nous dire qu'on a fêté pour rien et qu'il va falloir tout recommencer ? lâche Peter Pan pour me dérider.

— As-tu fait inscrire une date de début des travaux sur le contrat comme je te l'avais dit ? s'inquiète Rock.

Des sueurs froides naissent dans mon dos. Le contrat du bon gros géant! Sa soumission tenait sur une page alors que celles des autres entrepreneurs en avaient toutes entre deux et quatre. J'avais fait mes devoirs, comparant le document de Mathieu avec les autres, puis téléphonant plusieurs fois à fiston deux ainsi qu'à Dgépi, à Rock et à Ti-Guy pour m'assurer de bien comprendre la description des travaux. Finalement, j'avais précisé avec Mathieu l'épaisseur de la dalle de béton, la profondeur du muret pare-gel, le nombre de poutres horizontales et verticales et une foule d'autres détails arides et ennuyeux. Le bon gros géant s'était révélé patient, attentif, prévenant, drôle et rassurant. Au cours de cette conversation téléphonique, nous avions tous les deux noté les spécifications sur notre copie du document. Mathieu avait promis de m'expédier un contrat contenant ces informations additionnelles dans les prochains jours. Je n'aurais qu'à le signer. Sauf que je n'ai jamais reçu le foutu document.

J'imagine la maison des petits cochons en pleine tempête d'hiver, vacillant sur ses maigres fondations. Le mur de Pise face au lac s'effrite puis s'écroule, le rez-de-chaussée s'écrase sur le sol, le toit cède…

Une vingtaine de paires d'yeux débordant de pitié sont posés sur moi. Je les entends penser: «Chère Do… On l'adore mais la pauvre n'est vraiment pas douée pour fonctionner dans la réalité. Elle a gaffé, c'est clair!»

— C'est sûr que j'ai fait inscrire une date butoir sur le contrat, voyons donc. Je n'aurais jamais signé sinon. Si l'entrepreneur dépasse le jour dit, il file droit en prison. Sans passer *go* et sans réclamer deux cents dollars.

Un soupir de soulagement parcourt l'assemblée pendant que j'écrase le bout de mon nez pour qu'il ne se mette pas à allonger.

Il ne reste plus que Nat du Nord et Peter Pan. Les nouvelles du chantier nous ont dégrisés. Tim ronfle, épuisé par Mega et Gomme Baloune. Nat nous prépare une tisane après avoir servi un café corsé à Pierre.

— T'ennuies-tu déjà de ton beau Richard ? susurre ce dernier pour étriver Nat tout en évitant le douloureux sujet des travaux reportés.

— On se revoit demain… oups ! aujourd'hui, répond-elle tout sourire.

Peter Pan est en panne de femme, ce qui le rend très attentif aux intrigues sentimentales de son entourage.

— Et toi, Do ? Il y avait quelques beaux spécimens de célibataires ce soir…

Le report des travaux, l'alcool, tous ces couples côtoyés ce soir… Me voilà baignant dans un vague à l'âme.

— L'homme de ma vie existe. Mais il habite dans un village en Papouasie ou au sommet d'une montagne au Tibet. Mes chances de le rencontrer sont microscopiques.

— Tu serais pas un peu difficile peut-être ? suggère Nat en essuyant du bout de l'index les restes de coulis de mangue au fond de son assiette.

— Idéaliste, plutôt, corrige Peter Pan.

Je souffle un baiser en direction de Pierre.

— J'ai quitté un homme qui m'aimait et brisé une famille. Je leur dois de choisir quelqu'un de… de… très bien.

— On ne pourra pas t'accuser de ne pas avoir essayé, convient Peter Pan.

— J'ai vraiment tout mis, crotte de crotte ! Dernière-ment, je me sentais comme un joueur qui a trop perdu au casino. Il arrive un point où c'est difficile de simplement accepter qu'on ne gagne pas. On pense que, rendu là, la chance *doit* tourner. Il *faut* que ça fonctionne. Le gros lot est tout près…

Mes confidents sont tout oreilles.

— Des fois, je me dis que je veux trop. C'est le syn-drome de la femme qui rêve tellement de tomber enceinte que ses hormones paniquent. Il suffit qu'elle adopte un enfant et hop ! elle se met à pondre des bébés. De toute façon, je vous l'annonce tout de suite, pour moi, c'est fini. F, i, fi, n, i, ni. FI-NI.

— Si j'ai bien compris, tu avais déclaré ça après Paul aussi. Qu'est-ce qui arrive cette fois ?

— Il arrive que les trois derniers, c'était raté. Trois, c'est un chiffre magique. Je m'étais donné trois dernières chances. C'est fait. Terminé. Enterré. FOU-TU !

— C'est pas foutu. T'as ton Peter Pan juste pour toi, déclare Pierre en me soulevant de terre pour me serrer contre lui.

— Et la meilleure amie du monde en haut de la côte ! me rappelle Nat.

— Vous avez raison. Et si l'homme de ma vie existe, eh ben, qu'il me trouve ! J'ai fait ma part.

— Hummm… Si tu veux vraiment qu'il te trouve, t'aurais peut-être pas dû choisir d'habiter au bout d'une rue perdue, ose Natalie.

Au fond, ce report des travaux, c'est arrangé avec le gars des vues. L'été a choisi de s'étirer. Et mon roman n'est pas terminé. Plusieurs fois par jour, je traverse la ceinture d'algues en pédalo pour nager avec les huards, là où l'étang ressemble à un lac. Hier, à mon retour, les trois tortues établies devant chez moi ont plongé pour venir me saluer. L'une d'elles s'est approchée jusqu'à toucher du bout de son museau ma main qui traînait dans l'eau.

Mon roman me réclame tellement de temps, de concentration, d'amour, de vitalité et d'abandon que j'en oublie Timothée. Dès qu'un riverain se dirige vers le quai du parc écologique adjacent aux petits cochons, Tim se jette sur lui comme la misère sur le pauvre monde. Il a aussi rendu folle une maman marmotte en la repoussant jusqu'au fond de son terrier, terrorisé les mésanges, les chardonnerets et les sittelles de mes mangeoires, affolé les écureuils attirés par le même buffet et reconquis Naya, la chihuahua de son cœur partie en camping aux Îles-de-la-Madeleine le mois dernier.

Tous les vendredis, je téléphone à Mathieu.

— Pas de trouble. On vous oublie pas. Ça s'en vient. Promis, répète-t-il.

Je ne me sens pas en position d'exiger un contrat. C'est lui qui tient le gros bout du bâton. L'automne avance. Je pars pour Paris dans deux mois afin d'assister au Salon du livre de Montreuil. À mon retour, ce sera déjà l'hiver. Il *faut* que les travaux commencent bientôt.

En route vers Montréal. Rencontre avec un producteur pour le renouvellement d'une option d'adaptation au cinéma du roman *Le pari*. La facture des travaux à venir chez les petits cochons fait de moi une négociatrice extra facile. En gros, j'ai besoin d'argent. Et les chiffres au cinéma contiennent tellement plus de zéros qu'en édition ! Je n'ai pas envie de faire la fine bouche, d'imposer des restrictions ou d'exiger une augmentation. S'ils veulent poursuivre l'aventure, je signe. Et sitôt la réunion bouclée, je filerai vers le nord où mes baleines m'attendent. J'ai atteint ce point excitant dans l'écriture d'un roman où les personnages non seulement m'habitent mais existent hors de moi. Ce sont eux qui me dictent leurs désirs, me confient leurs états d'âme et me surprennent avec des gestes, des révélations ou des décisions qui ne m'avaient pas même effleurée. On dirait parfois qu'un film se déroule sous mes yeux. J'assiste, envoûtée, ébahie, à la suite d'une l'histoire née dans mon imagination désormais affranchie de ma gouverne.

La réceptionniste me prie de patienter quelques minutes. Pas de problème. J'en profite pour consulter mon cellulaire. Oups! L'écran affiche quatre messages reçus au cours des quinze dernières minutes et provenant tous du même numéro. Des chiffres qui ne me disent rien. Je m'installe dans un coin pour rappeler l'inconnu.

C'est Jean-Guy. Le bras droit de Mathieu, dit-il. Il a tenté de me joindre hier, mais avait mal noté mon numéro. S'excuse. Le début des travaux, c'est maintenant. L'équipe est sur place. Ils sont prêts à lever et à dynamiter…

— Sauf qu'y a un problème! annonce Jean-Guy d'une voix qui trahit l'impatience. C'est pour ça que j'essaie de vous parler depuis tout à l'heure. On défonce le budget de dynamitage. Pis pas à peu près. J'ai jamais vu autant de pierraille. C'est pas des roches qu'y a sous votre maison, c'est des monstres! Mathieu a dit que j'avais besoin de votre accord…

J'ai le pouls d'un athlète qui vient de boucler un quatre cents mètres sprint. Et le cerveau tellement en purée que je bégaie:

— Qu'est-ce que… que… qu'est-ce qu'on…

— Ça va coûter dix mille piasses de plus.

La couleuvre reste coincée dans ma gorge. Impossible de l'avaler. Ce montant me scie en deux et fracasse un budget déjà fortement éprouvé. Incapable de prononcer le moindre mot, j'essaie de rallumer les braises d'intelligence dans ma petite tête. Je remarque alors que la secrétaire s'est levée, qu'elle m'adresse un sourire et que le producteur se dirige vers moi.

— On... on s'en reparle... Je suis en réunion.

— Il faut décider tout de suite... Les dynamiteurs sont réservés..., me presse Jean-Guy.

La moutarde extra-forte me monte soudain au nez. Moi qui pensais faire affaire avec un bon gros géant !

— Alors je décide que je décide rien. Ça fait cinq semaines que je vous attends. On se reparle quand ma réunion sera terminée.

Clic.

*M*on cell sur les genoux, j'essaie de rappeler Jean-Guy sans écoper une contravention. À ma défense, l'autoroute 15 est quasi déserte et ma maison en danger de mort. Jean-Guy ne répond pas. J'essaie Mathieu. Une fois, deux fois, trois… Enfin, le voilà.

— Oui, je suis au courant, me rassure-t-il. Ne vous inquiétez pas. J'ai plusieurs chantiers. Jean-Guy est mon assistant. Il est un peu… nerveux. Je suis allé voir sur place. Il y a toujours une solution ! On va fissurer les roches trop grosses pour être déplacées à la pelle. Ça devrait faire fondre la facture de dynamitage. J'ai bon espoir qu'on reste dans le prix promis. Mais c'est vrai que votre maison, c'est le *jackpot* côté roches.

— Sinon… Si vous n'y arrivez pas…

— Sinon, on excave ce qu'il faut pour bâtir une fondation solide, mais vous ne pourrez pas installer votre table pour écrire. C'est tout.

Fiou ! Le but de l'opération n'est pas d'agrandir, de toute façon.

— Ça me va. Ce qui compte, c'est de sauver la maison des petits cochons.

— Ce qui compte, c'est de sauver la maison des petits cochons, répète Mathieu de sa voix de bon gros géant.

En arrivant chez moi, mon cœur craque et j'ai envie de fuir à toutes jambes. Ma maison est déjà détachée de sa fondation. De gigantesques poutres ont été insérées entre le rez-de-chaussée et le mur de béton craquelé. Le terrain est saccagé, la galerie arrachée, la plate-bande piétinée. J'ai l'impression d'être entrée par erreur en salle d'opération pendant qu'un de mes enfants subit une grosse chirurgie.

Une échelle de fortune permet d'accéder à l'intérieur. Demain, ce sera moins facile puisque la maison sera hissée plus haut. Après un court moment de réflexion, ma décision est prise : courage, fuyons ! Tant pis pour les conseils de fiston deuxième. Je n'ai pas envie de faire du camping entre deux pépines pour surveiller des ouvriers affairés à des manœuvres auxquelles je ne connais rien. Et je n'ai surtout pas envie d'assister à l'opération à cœur ouvert de ma maison. En plus, mon roman m'attend. Si tout va bien, j'aurai écrit le dernier chapitre avant de quitter le pays.

Natalie m'a offert d'habiter chez elle. Peter Pan aussi. Sauf que, pour écrire sans penser sans arrêt à ce qui se passe aux petits cochons, je dois m'éloigner. Or, ça tombe bien, la locataire de mon condo m'a remis son avis de départ il y a un mois. Et sachant que les travaux débuteraient sous peu, je n'ai pas annoncé mes quelques mètres carrés sur Kijiji. Dès aujourd'hui, Montréal m'attend.

Mon bon ami Yvon, un fier résident de Val-David qui travaille à Montréal trois fois semaine, s'arrête au retour pour prendre des photos de la maison des petits cochons. Le projet l'emballe autant qu'il catastrophe Christiane.

— T'as pas peur qu'ils l'échappent en la soulevant ?

— Non, Cricri, dis-je en prenant la voix d'une fille très au-dessus de ses affaires alors que je me pose la même question à chaque heure.

Au sixième jour des travaux, Jean-Guy annonce :

— C'est réussi.

— Quoi exactement ?

— Ben, l'excavation, cou'donc.

Mon silence semble lui confirmer que je suis encore plus idiote qu'il ne l'imaginait.

— Toutes vos roches ont disparu et on n'a pas défoncé votre budget, explique-t-il froidement.

Il existe une suite, ça s'entend.

— Mathieu a travaillé tellement fort qu'il a brisé sa pelle, ajoute-t-il, la voix lourde de reproches.

— Les travaux sont arrêtés ?

— Ben non. On continue… Demain c'est la *footing*.

Je cherche dans mon nouveau dictionnaire intégré. Grâce à fiston numéro deux, j'ai appris que tout ce qui touche la construction possède trois dénominations : le mot courant, le terme anglais et la vraie appellation, rarement utilisée ou dont personne n'a jamais entendu parler. Je suis fière de mon rejeton, trilingue en construction.

— La semelle de fondation ?

Silence. Jean-Guy n'a pas apprécié la précision.

— Les murs de fondation devraient être montés d'ici le week-end, dit-il seulement.

— Oh ! Ça avance bien…

— Pas tant que ça. C'est tout pourri.

En mon for intérieur je remercie fiston deuxième, qui l'avait prédit. Grâce à lui, j'ai fait inscrire sur la soumission : « changer la lisse de bois », c'est-à-dire la partie de la charpente entre la maison et la fondation. Me voilà toute fière de pouvoir demander, l'air experte :

— Vous avez remplacé la lisse ?

— C'est toute la maison qu'il faudrait remplacer !

— Comment ça ?

— Bof. Un chalet, c'est un chalet, tranche Jean-Guy. Dans pas grand temps, on devrait couler la dalle de béton. Avez-vous pensé à votre tuyauterie ?

— J'en ai déjà une.

Jean-Guy rit, peu gentiment selon mon impression.

— C'est comme vous pensez, chère madame.

Il raccroche.

C'est décidé : je boycotte Jean-Guy. Trop détestable. Trop stressant. Mathieu m'avait indiqué que la meilleure façon de le joindre, c'est tôt le matin. Je règle mon réveil à six heures trente et mon plan fonctionne. À six heures trente-cinq, Jean-Guy est sorti de ma vie. Dorénavant, Mathieu s'adressera directement à moi. Le BGG en profite pour me faire comprendre qu'il serait temps que je visite le chantier. Le plus tôt serait le mieux.

*B*runo est aussi court que Mathieu est grand. Et pourtant, il en impose autant. Cinq pieds le cou étiré, rondouillard, l'œil vif, l'air espiègle, il suffit de le voir bouger deux minutes pour comprendre qu'il a l'énergie de trois hommes et la force d'un colosse. Sa bonne humeur est virale et il semble perpétuellement occupé à réprimer un fou rire. C'est lui le chef des ouvriers. Pendant qu'il m'offre un tour du proprio, Tim se prend pour le roi de la montagne, installé sur les genoux de Mathieu dans la cabine de la pépine.

— La bonne nouvelle c'est que vous avez doublé la grandeur de votre maison, explique Bruno.

J'essaie de me réjouir sans trop y parvenir. Ce que j'aperçois n'a rien d'excitant. Un trou entre trois murs de ciment. La façade sur le lac sera en bois pour accueillir une porte-fenêtre. En levant les yeux depuis le sous-sol excavé, ce que je vois de la maison est désolant.

— C'est sûr qu'on change la lisse, mais c'est pas assez, poursuit Bruno. Il faut arracher tout le bois pourri.

Ça me paraît évident. Et même si j'avais en main un contrat signé en bonne et due forme, ces travaux ne seraient pas compris.

— Ça coûte cher?

— Le prix des matériaux, répond Bruno.

Il n'est peut-être pas au courant.

— C'est pas dans le contrat…

— Je sais, répond-il en m'offrant un sourire imbattable. Mais on va le faire quand même. Mathieu nous donne deux jours. On devrait pouvoir réparer le plus gros. Après, vous verrez…

Je médite sur ses paroles. En plus d'une fondation avariée, j'ai une maison pourrie. Mais ça s'arrange. À relativement peu de frais. Si j'ai bien compris…

— Découragez-vous pas, ma petite mam'zelle. C'est beau chez vous. Regardez!

Du menton, il désigne le lac-étang, les arbres et le ciel tout grand que j'avais presque oubliés.

— Vous voulez que je vous dise? Votre maison, c'est la définition parfaite d'un vice caché, laisse tomber Bruno. Si j'étais vous, je poursuivrais les derniers proprios.

— Pourquoi?

— Mathieu vous a pas dit?

Je fais non de la tête.

— Il manquait un mur de fondation. Il était pas chancelant, il était i-ne-xis-tant. Le mur du fond de votre maison reposait sur rien. Le bois touchait directement à terre. On a trouvé des bouts de plastique à peine plus épais qu'un papier Saran entre la dernière solive et le sol. Quelqu'un a creusé un brin et coulé du ciment pour donner l'impression d'un muret de fondation.

Je crois Bruno sur parole, mais lui tient absolument à ce que je *voie* les pièces à conviction. Des morceaux de bois dans un tel état de décomposition qu'ils s'effritent au toucher.

— Et c'est pas tout! Il y a une partie de votre maison qui tenait sur un vieux poteau de téléphone prêt à s'écrouler.

— Une chance que je l'ai achetée, dis-je, songeuse.

D'abord surpris, il concède :

— Elle avait drôlement besoin que quelqu'un lui sauve la vie.

Mes pensées filent soudain vers mon amie Raymonde, décédée après la récidive de son cancer du sein.

— Dans le fond, vous avez opéré le cancer sauf qu'il y a des métastases.

Bruno me fouille de ses yeux noisette.

— Ça ressemble pas mal à ça, admet-il.

Si Bruno avait éclaté de rire, la suite aurait pu être différente. Mais Bruno aime les maisons. Que je parle de celle des petits cochons comme si c'était un être vivant ne le trouble pas une miette. Il comprend. Je l'ai adoptée. Elle est malade, handicapée, atteinte de vices cachés? Ça reste ma maison.

Poursuivre quelqu'un en justice? M'embarquer dans des frais faramineux et des procédures éprouvantes? Non merci. De toute façon, je suis au moins un peu coupable puisque je ne l'ai même pas fait inspecter avant de l'acheter. J'ai su qu'elle était malade en pénétrant dans le sous-sol, ou peut-être même à la première visite, quand Bob m'a suggéré de fuir. C'était trop tard. Je l'aimais déjà.

— On va la sauver?

— C'est sûr, promet Bruno.

Lili rit en écoutant mon résumé de la situation. C'est elle qui est venue à ma rencontre.

— Youhou! m'a-t-elle crié alors que j'allais fourrer dans ma voiture un Timothée couvert de boue des oreilles à la queue en passant par les quatre cure-dents qui lui tiennent lieu de pattes.

Elle m'a aidée à nettoyer mon chien dans son évier de cuisine, ce qui, étant donnée la taille de l'animal, correspond à un bain. Puis, selon un rituel joliment établi, elle nous a servi du thé au jasmin cette fois et des orangettes, de fins segments d'écorce d'orange confits enrobés de chocolat noir.

— Tout le monde savait que votre maison était chancelante, m'avoue-t-elle.

— J'aurais dû m'informer avant de l'acheter.

— Je remercie le ciel que vous ne l'ayez pas fait! réplique-t-elle, soudain sérieuse.

Son regard est devenu liquide. Elle garde les yeux grands ouverts sans cesser de me fixer, l'esprit toutefois ailleurs. Une question s'impose tout à coup.

— Vous l'aimez. Pourquoi ne l'avez-vous pas achetée?

De lourds nuages de souvenirs glissent sur son visage. Elle inspire longuement. À quoi songe-t-elle alors qu'un sourire ourle soudain ses lèvres?

— Vous voulez que je vous raconte?

Trop impressionnée pour parler, je me contente de faire oui de la tête.

*É*lisabeth Faldini a déjà été propriétaire de la maison au bout de la rue cachée.

— Vous êtes italienne ? me suis-je étonnée en apprenant son nom.

— Mon mari l'était.

À vingt ans, Élisabeth Brisebois a épousé un bel Italien dont elle était éperdument amoureuse. Vincenzo Faldini avait douze ans de plus qu'elle. Il arrivait d'Italie, porteur d'un passé obscur, follement beau, fougueux, sans le sou, mais riche de rêves fabuleux.

— Il aurait été laid que je l'aurais aimé quand même, soutient-elle. C'était un être... magique ! Il lui suffisait d'ouvrir la bouche pour que je fonde. De bouger pour que je sois hypnotisée. Un sourire de lui et j'étais au ciel. Mais ses rêves sont ce qu'il avait de plus puissant. Avec son talent. Vous ne devinerez jamais son métier...

À l'observer, elle, des feux d'artifice plein les yeux, j'ai une petite idée.

— Ensorceleur.

Elle éclate d'un rire argenté.

— Vous n'êtes pas si loin.

— Magicien, alors.

— Presque. Il était clown de métier.

— Vous m'avez eue. Je crois bien que je n'aurais jamais trouvé.

Dans mon imaginaire, un clown, c'est comique. Pas romantique. Et pas très *sexy*. Les princes charmants sont rarement bouffons. Lili semble lire dans mes pensées. Je la sens très déterminée à me faire voir son amoureux avec ses yeux.

— J'accompagnais ma cousine et sa fille de quatre ans dans une fête foraine à Sainte-Adèle. Une fois par année, après la fin des classes, les mêmes forains installaient des manèges avec une grande roue et des montagnes russes comme à La Ronde mais en beaucoup plus petit. Il y avait également des kiosques avec des jeux pour gagner des peluches et d'autres avec des pommes au caramel, du maïs soufflé et de la barbe à papa. Malgré mes vingt ans, l'atmosphère du cirque ambulant m'excitait encore. La présence de ma cousine Marie et de sa fille finissait de me combler.

« Il m'a fait sursauter en m'offrant une fleur alors que je venais de déposer Tinamer…, poursuit Lili. C'est le nom qu'a donné ma cousine à sa fille en hommage à l'héroïne d'un livre dont j'ai oublié le titre…

— *L'amélanchier* de Jacques Ferron.

— Oui, sourit-elle. C'est bien ça! Je venais de me pencher pour reposer Tinamer sur le sol, après l'avoir soulevée afin de lui permettre de mieux admirer le toutou qu'elle voulait que je lui obtienne dans un jeu de fléchettes. En me relevant, j'ai trouvé une fleur sous mon nez. Un vulgaire pissenlit. Puis, un visage blanc troué de deux immenses pupilles noir charbon est apparu. L'homme portait un costume de Pierrot et un de ces nez rouges de la taille d'une balle de ping-pong.

« Les curieux se sont assemblés autour de nous, continue-t-elle. Tinamer avait les yeux ronds et ma cousine riait de mon émoi. Lui faisait le pitre d'une adorable manière. Avec pour seul langage des gestes et des expressions du visage, il jouait l'amoureux transi courtisant la belle dame, mais avec la ferveur, l'absence d'orgueil et la fragilité d'un enfant. J'en ai oublié tous ces gens autour de nous pour ne plus voir que lui. J'embarquais dans son jeu en ayant l'impression qu'il ne jouait plus. Qu'il y croyait. Qu'il était prêt à tout pour me séduire. J'avais déjà accepté sa fleur. Il voulait un baiser. Devant tout le monde! »

Les rides de Lili ont disparu, de même que les traces de fatigue sur son visage. Elle a de nouveau vingt ans et elle est follement éprise d'un clown.

Ils se sont courtisés puis épousés presque en cachette car la maman de Lili, monoparentale depuis le lendemain de la conception de sa fille unique, désapprouvait totalement cette union.

Lili rêvasse alors que je reste pendue à ses lèvres.

— Et après, qu'est-il arrivé?

— Avez-vous déjà vécu un gros drame? De ceux qui redessinent le cours de votre vie? demande-t-elle.

— Oui.

J'ai répondu sans tergiverser, consciente qu'au moins trois cataclysmes ont eu cet effet sur mon existence.

— Alors vous comprendrez.

Élisabeth Faldini se tait pourtant. Elle hésite encore avant de se livrer. Combien souvent a-t-elle confié cette histoire? Depuis quand ne l'a-t-elle pas partagée?

— Vincenzo gagnait sa vie à réparer des voitures dans un garage cinq jours semaine. Moi, j'enseignais au primaire. Presque tous les week-ends, pendant au moins quelques heures, mon mari redevenait clown, dans une boîte de nuit ou un restaurant. Je l'accompagnais. Nous étions heureux. Tellement que ma mère commençait à trouver des tas de qualités à Vincent.

Ce souvenir la fait rigoler un peu nerveusement. J'attends.

— Je suis devenue enceinte. Presque en même temps, Vincenzo a touché un modeste héritage. Nous avons acheté la maison qui est devenue la vôtre, celle où j'avais déjà connu de bons moments lorsque j'étais petite. Le toit était à refaire d'urgence et quelques autres travaux s'imposaient. Pendant que je caressais mon ventre rond, tricotais des chaussettes ou cousais des rideaux après la fin des classes, Vincent et quelques amis ont consacré tout leur temps libre à réparer notre maison afin que nous puissions y emménager avant l'accouchement. En attendant, nous vivions chez ma mère. Elle était étourdie de bonheur à l'idée de devenir grand-maman.

« J'ai accouché deux semaines avant la date prévue, sans trop de difficultés, d'un adorable petit garçon de quatre kilos, poursuit Lili. Un beau gros bébé joufflu né avec de magnifiques cheveux aussi noirs et drus que ceux de son papa. Il avait les yeux bleus, comme tous les bébés, mais on devinait déjà qu'ils deviendraient aussi sombres et troublants que ceux de Vincent. »

Lili prend une petite pause avant de souffler :

— Notre fils est mort dans son couffin soixante-trois heures après sa naissance.

Un lourd silence s'abat et s'étire avant qu'elle parvienne à ajouter :

— Il est mort de rien. Tout allait bien.

Je prononce les mots pour elle.

— Le syndrome de mort subite du nourrisson.

Lili acquiesce d'un signe de tête.

Ses yeux sont gonflés de larmes. Je voudrais la serrer dans mes bras, mais je sens qu'elle ne le souhaite pas. Il y a des moments dans la vie où seuls le silence et l'immobilité sont tolérables.

De longues minutes plus tard, Lili m'explique que leur couple n'a pas survécu à ce drame, la douleur des deux parents étant trop dévorante. Elle a mis des années à retrouver un semblant de joie et, depuis, elle se consacre entièrement à la jardiner. Beau temps et mauvais temps.

*M*anu m'a donné rendez-vous au bar de la Buvette chez Simone. Il se lève en m'apercevant. Comme chaque fois. Je reconnais le veston anthracite qu'il porte, la chemise aux fines rayures bleues et jaunes, très seyante, mais pas la cravate, neuve ou jamais portée devant moi. Manu arrive directement du bureau. Il sent pourtant bon l'après-rasage. Toujours le même. Un cocktail subtil avec une dominante évoquant le romarin. Lui aussi effectue des travaux de rénovation sur sa maison. C'est notre belle excuse pour ce 5 à 7.

— On trinque à nos chantiers ? propose-t-il.

— Non.

— Ça va si mal ?

— Non. On trinque à mon roman. J'ai mis un point à la dernière phrase du dernier paragraphe du dernier chapitre il y a vingt minutes.

— Bravo !

Au lieu de lever son verre, il m'embrasse. Toujours au même endroit. Entre la bouche et le cou.

— T'es contente ?

— Trop ! J'ai l'impression d'avoir écrit le livre de ma vie. Le plus beau, le meilleur, le plus important.

— C'est fantastique ! s'exclame-t-il en me fouillant du regard dans l'espoir de deviner ce qui semble malgré tout ternir mon enthousiasme.

Je le laisse errer. Après quelques secondes, il lance :

— Savais-tu que tu es mon énigme préférée toutes catégories confondues ?

Je rougis sans que ça paraisse. Il y a des moments, comme ça, où Manu me fait un effet bœuf.

— Oublie le mystère. Je suis platement prévisible. Dans les premières heures après avoir terminé un roman, je jubile, j'exulte, je flotte. Après, ploc ! J'atterris un peu raide sur le sol. Je relis d'une traite le manuscrit que j'ai déjà lu au moins douze fois en cours d'écriture et je lui trouve trois mille trillions de défauts.

Manu semble amusé par mes propos.

— Tu viens de terminer. Ça ne fait même pas une heure. Donc, ton livre est excellent. Allez ! On trinque à ton nouveau dernier roman. Et je veux un sourire en prime.

Nous gardons les yeux rivés l'un sur l'autre, pas tant pour ne pas souffrir, selon la légende, de sept ans de mauvais sexe, mais parce qu'on en a envie. Un joli tintement confirme la réussite de l'opération tchin tchin et déclenche chez moi une avalanche de mots (qui pourrait également porter le nom de « diarrhée verbale »). J'ai passé les quatre derniers jours scotchée à ma chaise, rivée à mon écran, à suivre les élans de mes personnages devenus très envahissants en fin d'écriture. J'ai vidé mon frigo jusqu'à ingérer des macaronis coupés à la crème de champignons en conserve diluée dans de l'eau à défaut de lait, alors que j'habite à deux coins de rue d'une épicerie. La tension et l'excitation retombent. J'ai besoin de parler…

Je raconte à Manu mon histoire d'amour avec les baleines du fleuve et mon coup de foudre en cours d'écriture pour un personnage qui ne devait même pas être important. Je poursuis avec les travaux aux petits cochons, desquels je me suis totalement désintéressée cette dernière semaine parce qu'il n'y avait plus d'espace libre dans le disque dur de ma cervelle.

— J'étais tout le temps en mer avec mes grosses bleues, mes rorquals et mes baleines blanches, avoué-je, soudain taraudée par la culpabilité.

— C'est normal, t'avais le droit, me rassure Manu, assez sensible pour percevoir mon trouble.

Du bout d'un doigt, il caresse le dessus de ma main tandis que je reste plongée dans mes réflexions de chantier. Je viens de me souvenir d'avoir rangé sous le tapis un certain nombre de questions plus ou moins urgentes.

— De quel genre de décisions s'agit-il? demande Manu, sincèrement intéressé et parfaitement outillé pour m'aider puisque la gestion de projet, c'est son métier.

— En gros, mon sous-sol est devenu potentiellement habitable. J'ai un petit fantasme d'installer une table pour écrire devant une porte-fenêtre avec vue sur l'eau. Mathieu dit que je pourrais aménager une pièce magnifique. Ce serait permis à condition de ne pas ajouter de plancher par-dessus la dalle de béton. C'est fou mais c'est comme ça.

Manu hoche la tête, l'air de trouver que ce n'est pas si étonnant. Il a sans doute vu de bien pires tracasseries administratives et techniques dans sa carrière.

— Déjà, l'interdiction d'installer un plancher rend le projet moins viable, non? En plus, je devrais me retourner sur un dix sous pour dessiner un plan d'aménagement. C'est essentiel si je veux éventuellement une salle d'eau. Il faudrait qu'un plombier installe des tuyaux dans les prochains jours. Après, ce sera trop tard.

Rien de tout cela ne semble impressionner Manu.

— Je le savais pas, moi, que la plomberie doit passer sous la dalle de béton et qu'il aurait fallu songer à tout ça avant. Au fond, c'est juste un peu trop tard.

— J'ai l'impression que tu te sens coupable d'avoir terminé ton roman en négligeant les travaux… Baleines contre petits cochons?

— Espèce de vieux sorcier! J'avoue! Mathieu prétend que, si un jour je dois vendre, ce serait mieux que la dalle cache des tuyaux, comme ça les acheteurs auront plus de latitude. Sauf que pour installer ces mautadits tuyaux, je dois savoir où se situerait éventuellement la salle d'eau. Et l'escalier menant au sous-sol et un paquet d'autres trucs. J'aurais besoin d'un architecte. Dans le genre: là, tout de suite.

— J'en connais un qui pourrait t'aider. C'est un ami proche. Il est très en demande, mais il trouverait du temps pour moi. Je peux te transférer la faveur…

— Il habite où ?

— À Rimouski.

— T'es fou !

— Pas du tout. Si tu lui envoies les dimensions de la pièce, il peut travailler avec toi par Internet. Les gens ne se déplacent plus aussi souvent.

J'y crois presque. Il n'est peut-être pas trop tard. Cette histoire de tuyauterie semble importante. Ça fait sans doute partie de l'opération de sauvetage des petits cochons. Je n'ai pas oublié mon engagement. Pendant un moment, les baleines ont occupé tout l'espace. Je leur devais ça. Maintenant, j'ai du temps pour ma maison. Je pourrais même m'y consacrer entièrement.

Une bouffée de tendresse m'envahit. Cher Manu. Je suis chanceuse de l'avoir dans ma vie.

— Si ça marche, je t'en devrai toute une, murmuré-je avec des mini trémolos dans la voix.

Manu rougit. Je ne l'avais jamais vu changer de couleur avant.

— Et si ça ne fonctionne pas, tant pis. Ta proposition me touche, Manu…

Un échange de clins d'œil scelle notre résolution. Le défi plomberie est lancé. Et pour une fois, je ne suis pas seule. On dirait qu'on est deux à vouloir le relever.

J'avais oublié que ma maison flotte entre ciel et terre et que la porte d'entrée au sommet de l'échelle de fortune réagit aux traumatismes subis en refusant obstinément de s'ouvrir. Mathieu a promis d'y voir bientôt. En attendant, j'ai besoin d'un ruban à mesurer, je manque de temps et, mes autres voisins étant absents, me voilà condamnée à sonner chez Catherine, ma peu affable voisine.

— Un ruban à mesurer? Pourquoi? demande-t-elle en jetant un regard derrière moi.

Misère! Timothée m'a suivie. Et voilà que pendant que je bégaie des explications à mon grand échalas de voisine, à croire que je viens réclamer un Kalachnikov au lieu d'un simple instrument de mesure, un miracle s'accomplit devant moi. Catherine se penche, cueille mon paquet de poils de la taille d'un écureuil obèse et lui prodigue des guiliguili. Le plus étrange, c'est que Tim se laisse faire, nullement surpris et visiblement content. Depuis combien de temps ces deux-là vivent-ils une aventure en cachette?

— Je peux m'occuper de ça, annonce ma voisine.

Pincez-moi quelqu'un!

— J'ai déjà étudié en design d'intérieur. Je pourrais dessiner un plan sommaire à l'échelle avec les ouvertures et les détails de structure. C'est une affaire de rien, précise-t-elle en gratouillant Tim derrière les oreilles d'une main experte.

Une heure plus tard, j'ai en main trois pages de belles lignes droites assorties de chiffres. C'est clair et complet. Un travail de pro exécuté aimablement. Est-ce l'effet Timothée ou ai-je jugé trop durement mon imprévisible voisine ?

— Manu m'a expliqué, commence Fabien.

Une phrase et je l'aime déjà. Sa voix inspire la plus totale confiance. Enveloppante, ferme, calme, posée.

— Tout est possible, poursuit-il. Qu'est-ce qui vous ferait plaisir ?

C'est une blague ou quoi ? Dites-lui d'arrêter sinon je menace de l'épouser.

Que suis-je censée répondre ? Un Château Grand Cru ? Un chausson aux pommes chaud ? Ou un petit palais sur mesure ?

— Une table et une chaise pour écrire.

— C'est tout ?

J'ai l'impression d'être en présence d'une fée-marraine prête à exaucer mes vœux les plus déjantés.

— Une petite salle d'eau… un jour… peut-être. Sinon pour d'éventuels propriétaires.

— Vous songez à vendre?

— Non. Mais on ne sait jamais. J'ai mis mon condo en location au lieu de le vendre à cause du marché défavorable. Et ce n'est pas facile en édition…

Je m'arrête. Étonnée de m'entendre me confier à ce Fabien que je n'ai jamais rencontré. Je l'imagine, à quelques cinq cent cinquante kilomètres de chez moi, son cellulaire en mode haut-parleur déposé sur sa table de travail dans son bureau avec vue sur le fleuve, selon les informations transmises par Manu.

— Vous craignez peut-être de vous engager dans de trop lourdes dépenses?

— Exact. J'aime ma petite maison, sauf qu'elle ne vaut peut-être pas ce que j'y investis.

— Je vois ce que vous voulez dire…

— Si je m'écoutais, je viderais mon régime de retraite pour emmieuter ma propriété de la tête aux pieds et j'en profiterais pour me faire un royaume de rêve au sous-sol.

— Je comprends.

Manu m'a-t-il joué un tour? Ce Fabien, il est architecte ou psy?

— J'installerais une table… pour écrire et boire du thé et rêver devant la porte-fenêtre. Derrière la table, il y aurait un grand lit. Je m'y endormirais en comptant les lucioles et je me réveillerais dans une grande flaque de soleil.

Fabien reçoit tout ce que décris sans se moquer ni protester, donc je poursuis.

— J'imagine, à gauche, un mur entièrement tapissé de livres, un fauteuil… peut-être deux… et une lampe sur pied pour lire. De l'autre côté, je ne sais pas encore… Un tapis de sol pour faire du yoga ! Oui, c'est ça.

— Bien. J'ai noté. Et la salle d'eau ?

— Tout au fond.

— Avec douche ? Ou bain ?

Je rigole.

— Les deux !

— C'est possible. C'est même mieux. N'oubliez pas que l'opération actuelle consiste à prévoir la tuyauterie. Après, si vous ne voulez plus de bain, pas de souci. Je vous reviens avec une proposition demain.

De mariage ? ai-je failli demander, même si Manu a mentionné que son ami architecte avait épousé sa copine de carré de sable et filait le parfait bonheur depuis.

BMR ? Rona ? Réno-Dépôt ? Home Depot ? En connais-tu d'autres, Timothée ? Pour la première fois de ma vie, j'ai follement envie de visiter un de ces commerces. Faire du lèche-vitrine en comparant les revêtements muraux, à défaut de magasiner les types de plancher. Fabien m'a conseillé de fouiner, une bonne façon d'appeler les idées. C'est vrai, semble-t-il, pour la construction d'un palais aussi bien que d'un livre.

— Cap sur la Grande Bibliothèque, suggère plutôt Mishe. Tape-toi une grosse pile de magazines de décoration. Il n'y a rien de mieux pour découvrir ce qu'on veut.

Ça y est. De retour des centres de matériaux, je craque pour des planches de pin d'une largeur de cinq centimètres, de grade vulgaire. Du bois bon marché, d'allure robuste, avec un fini à vous river des échardes. Je l'aimerais même s'il n'était pas bon marché. Parce qu'il a plus de caractère que le bois plus cher dans la même rangée. Parce qu'il se marierait si bien avec la maison des petits cochons. Parce qu'il serait tellement beau sur les murs de mon royaume fantasmé.

J'ai aussi le béguin pour une baignoire bijou. Elle triomphe, majestueuse, en page 54 d'un numéro récent de *Better Homes and Gardens*. J'ai failli déchirer la page. Puis, j'ai imaginé les réseaux sociaux grésillant d'excitation suite à l'arrestation d'une écrivaine par des agents de sécurité dans une salle de lecture de la Grande Bibliothèque. J'ai donc noté le nom des produits et les références commerciales en laissant le magazine intact. Le meuble d'un blanc laiteux, satiné à souhait, rappelle les cuves anciennes mais avec des lignes plus modernes d'une pureté exquise. Et il repose directement sur le sol telle une fleur jaillissant du béton.

J'ai déjà trop hâte à demain. Pour parler à Fabien.

— *U*ne quoi?

— Une pompe à marde, répète fiston deuxième.

— Je n'en avais pas avant et ma vie allait bien.

Explication de fiston : le sous-sol étant plus bas que les tuyaux d'égout, il faut une pompe pour faire remonter les eaux usées : baignoire, douche, toilette, laveuse.

— T'as pas à l'acheter tout de suite, maman. Il faut simplement prévoir l'emplacement et installer les tuyaux. Dis-le à ton architecte.

— OK. Merci, chéri. J'ai très hâte d'aller magasiner ma pompe à caca. Je pourrais peut-être demander à un prétendant de m'accompagner. Ça nous ferait une chouette sortie.

— Nounoune.

— Je t'aime.

— Moi aussi, mais…

— Quoi?

— Je t'avais dit il y a des mois que les tuyaux doivent passer sous la dalle de béton et qu'il faut y penser avant, sauf que tu ne m'écoutais pas.

Mon palais princier apparaît en trois dimensions sur l'écran de mon ordi. Tout ce dont je rêvais y est. Fabien a prévu :

— une salle de bain complète ;

— un espace laveuse et sécheuse ;

— une immense garde-robe ;

— un vaste rangement où je pourrais même remiser un canot ;

— et un escalier !

J'ai un peu honte, mais j'avais oublié ce « détail ». Pour passer d'un étage à l'autre, il faut un escalier. J'explique à mon super architecte que ce que j'ai devant moi dépasse mes plus folles espérances.

— J'aurais une autre suggestion, commence-t-il. C'est coûteux, mais...

— Je n'aurais pas à tout acheter tout de suite, simplement installer la tuyauterie, c'est bien ça ?

Il rit.

— De quoi s'agit-il ?

— Un plancher chauffant en béton. Il suffit de faire courir de fins boyaux d'eau sous la dalle bien brossée...

Je l'interromps, histoire qu'il saisisse que je n'ai rien compris.

— Il lui faut un coiffeur, à ce ciment?

Fabien met un moment à saisir ma blague plate.

— On brosse le ciment pour lui donner un beau fini soyeux. Puis, on applique un scellant. Personnellement, je trouve ça plus beau que le bois. Chez vous, ce serait extra. Et vous pourriez y marcher pieds nus à moins trente-cinq degrés.

— Wow! Sans compter que c'est ma seule façon d'avoir un plancher fini en respectant les fameuses conditions liées au fait que j'empiète sur la sacro-sainte bande riveraine.

— Le même plombier peut s'occuper de toute la tuyauterie. Plancher chauffant compris. Ça vaut la peine de magasiner. Les prix varient.

La suggestion est emballante. Je me vois déjà pieds nus dans l'aube de mon palais de béton à siroter un breuvage chaud en rêvassant à ce que je vais écrire ce jour-là. Sous mes yeux, des flocons poudreux envahissent le ciel avant de se déposer sur le lac givré.

— À la dernière minute comme ça? Impossible! Vous auriez dû vous y prendre avant, tranche le plombier.

C'est décidé: je mords la prochaine personne qui ose me rappeler que j'ai gaffé en ne prévoyant pas l'opération tuyaux. Surtout que rien n'était sûr. Mathieu aurait bien pu ne pas réussir à excaver suffisamment pour me creuser un royaume.

— OK. Tant pis. Merci quand même. On se reverra peut-être sur deux roues.

— Vous faites du vélo ?

— Oui.

— Dans la région ?

— C'est sûr.

Ai-je dit que je fais du vélo ou prononcé une formule magique genre *Sésame, ouvre-toi* ? L'attitude du plombier passe de porc-épic à copain-copain. Peter Pan m'avait mentionné qu'Alain est fana de vélo. Il passe ses week-ends à s'attaquer aux pires côtes des Laurentides.

— Écoutez… je manque de temps. Les contrats me sortent par les oreilles. Et je ne travaille pas le week-end, c'est sacré. Mais je peux quand même passer pour voir.

J'allais répondre que ça ne donne rien de passer s'il ne peut pas m'aider. Je devrais faire la route de Montréal jusqu'aux petits cochons rien que pour le… regarder voir ? Par chance, une petite voix m'ordonne de me taire.

— C'est votre vélo ? demande Alain trois heures plus tard en découvrant mon fidèle Gaston sur le support derrière ma voiture.

— Ouaip. Tout carbone bas de gamme, mais une brave bête qui n'a pas peur de la montée Ryan ni du chemin du Lac-Millette.

Alain me jauge de la tête aux pieds. Pas comme un mâle explorant une femelle. Plutôt un cycliste évaluant si la personne devant lui saurait tenir le rythme dans le même peloton. Quinze minutes plus tard, l'affaire est conclue. Il livrera le matériel après-demain en fin d'après-midi et dans trois jours l'opération tuyauterie sera bouclée.

— Je déplace un autre client. Dites-le pas! Entre cyclistes, faut s'aider.

C'est tellement gentil que je n'ose pas m'informer du prix.

Mishe est catégorique :

— Trop c'est trop.

Nat, rejointe en tournage au Yukon :

— Cool! J'adore. Tu me laisseras l'utiliser ?

Peter Pan :

— Ça sera comme toi : unique !

Cricri :

— Il va te falloir un amoureux pour aller avec ça.

Dgépi :

— C'est bien toi qui jugeais «fantasque» mon idée de douche avec des murs en blocs de verre ? Sans commentaire !

Faute d'espace, à moins de sacrifier un autre élément jugé important, Fabien et moi avions convenu d'une salle de bain sans baignoire. Juste une belle grande douche. Pas tout de suite. Un jour… Peut-être… La décision était prise. Jusqu'à ce que ce matin je reçoive une lettre d'un enfant m'exprimant son amour gros comme le ciel pour le personnage de Mlle Charlotte «parce qu'elle ne fait jamais rien comme les autres». Du coup, je trouve mon palais princier bien sage et prévisible. C'est ainsi que m'est venue l'idée d'une baignoire autoportante échouée au beau milieu de la pièce, juste à côté du lit, derrière le matelas de yoga.

Trois secondes plus tard, des bougies ceinturaient la baignoire, j'y vidais le contenu d'un bouchon de bain moussant à l'églantier, j'ouvrais une bouteille de chardonnay bien frais et je me glissais dans l'eau sous une lune en croissant.

— C'est possible, déclare Fabien.

J'applaudis secrètement avant de poursuivre :

— J'ai aussi pensé que, tant qu'à y être, on pourrait peut-être, en tassant d'un rien l'escalier, prévoir la tuyauterie d'une cuisinette.

— J'y avais songé. Je n'osais pas vous en parler…

— Un frigo de taille réduite, deux ronds, un micro-ondes, un évier. Ça pourrait rentrer ?

— Je dirais que oui.

Yabadabadou ! Me voilà propriétaire d'un loft ! J'aurais la possibilité d'y vivre en louant l'étage supérieur. Ou le contraire. Je pourrais même… écrire dans ma baignoire! Ils vendent des supports ajustables pour lire ou manger en prenant un bain. Pourquoi pas pour écrire?

La maison des petits cochons ne flotte plus entre ciel et terre. Le bon gros géant et ses copains l'ont gentiment déposée sur sa fondation flambant neuve. En franchissant l'ouverture du mur de façade prêt à recevoir une grande porte-fenêtre, j'ai l'impression de pénétrer dans une cathédrale tant le moment m'apparaît solennel.

Oups! J'allais buter contre la table virtuelle. Je longe maintenant le lit imaginaire. Hon! J'ai failli tomber dans la baignoire. Je me retourne afin de contempler pour la première fois le point de vue depuis ce bureau-chambre-salon de rêve et… j'éclate en sanglots. C'est trop beau! J'ai devant moi un paysage de carte postale. Mieux! On dirait que je ne suis pas *devant* mais *dedans* tant l'eau est tout près.

Les arbres autour du lac ont pris des teintes d'ambre et d'ocre, d'or et de capucine, avec des accents pourpres et écarlates. Cette débauche de couleurs se répand dans l'eau, outrageusement scintillante sous un soleil fougueux. Des oies sauvages se gavent d'algues à un jet de pierre de la maison pendant qu'à une longueur de bras, un oiseau-mouche puise son repas dans une fleur de géranium, fière survivante de l'opération excavation.

— T'es contente? demande Mathieu, les yeux brillants de plaisir. Ça valait le coup, hein?

— Mets-en. Vous m'avez construit un paradis. Je ne peux même pas imaginer un lieu plus inspirant pour écrire.

Pendant que j'étends sur le grand lit hypothétique une housse de couette gris perle et rose cendré, Mathieu en profite pour rentrer une grosse pièce de bois destinée à solidifier le mur de façade. J'ai envie de lui crier : Attention ! Tu viens de faire tomber le vase de fleurs sur ma table de travail.

C'est là que… zut! J'aurais donc dû. J'y avais réfléchi pourtant. Mais ça me semblait exagéré. Et Mishe m'avait prévenue : c'est facile de se ruiner avec les tant-qu'à-y-être en construction. Il faut établir des priorités, se fixer des limites et ne pas les dépasser. N'empêche que l'obligation de frôler une si belle housse de couette au moment de ranger le canot me chagrine. Une porte pour accéder à l'espace rangement aurait été bienvenue.

— À quoi penses-tu? s'enquiert mon bon gros géant.

— À rien… C'est ma faute : j'aurais dû prévoir une porte sur le côté… dans le mur de béton.

— T'as raison.

— Tant pis.

— Bruno! crie Mathieu.

— Bonjour, mam'zelle! lance le chef des ouvriers en surgissant derrière le réservoir d'eau, qu'il s'applique à mettre au niveau.

— Penses-tu qu'on pourrait encore installer une porte ? Là…

Petit sourire crasse de Bruno accompagné d'un haussement d'épaules.

— Vous auriez pas pu y penser avant ? grommelle-t-il en jouant les bougons alors même que son air facétieux le trahit.

Mathieu m'adresse un clin d'œil. Bruno s'éclipse pour réapparaître armé d'une scie monstrueuse. Il s'avance vers l'endroit désigné et, sans dire un mot, découpe une ouverture dans l'épais mur de béton de la même manière que s'il perforait une feuille de carton. Une fois l'exercice terminé, il proclame :

— Le département des miracles est fermé pour le reste de la journée. J'ai du travail à faire, moi.

Café chez Nat. De retour d'un tournage à Whitehorse, elle craque pour un jeune preneur de son italien avec des abdos d'enfer et une voix à faire damner une sœur cloîtrée.

— Les Québécois ne savent pas parler aux femmes, déclare-t-elle, grimace à l'appui. Alors que les Italiens… Aaaaahhh !

— Et plus particulièrement Giuseppe…

— Ne te moque pas. Tu l'aaaaadoooorrrrerais !

Je profite des confidences de ma belle amie pour m'octroyer un peu de romance par procuration. Le compte rendu érotico-sentimental se poursuit durant la promenade autour du lac avec Tim, qui s'acharne à lever une patte tous les deux mètres même si sa vessie est à sec depuis la longue séance de marquage de territoire sous le nez des écureuils chez Nat.

Il ne reste plus que Bruno chez les petits cochons. Tous les autres ont quitté. Lui continue d'arracher des planches de revêtement pourri là où il n'y avait qu'un fantôme de fondation. En m'apercevant, dégringolant la côte de la rue cachée avec Timothée à mes trousses, il détourne rapidement le visage. Je flaire un mouvement d'humeur ou peut-être un malaise.

— Ça va?

Sa réponse tient du borborygme davantage que du langage.

— Ouache! C'est dans le très pourri…, dis-je en examinant des bouts de bois d'allure suspecte sous le revêtement.

Bruno ne bronche pas. Un marteau dans une main, une barre de fer dans l'autre, il recule un peu en gardant les yeux rivés sur le mur affreux comme s'il attendait une apparition. Et soudain… une fourmi gigantesque, une vraie géante obèse morbide, surgit d'une fissure dans le bois vermoulu. Bruno l'écrase sans pitié du bout d'un pouce en faisant gicler un épais liquide noir. Yark! Beurk!

— Vous savez ce que c'est? demande-t-il, lugubre.

À la blague, j'ai failli répliquer : un orignal. Bruno n'étant peut-être pas dans un état d'esprit pour badiner, j'opte pour une réponse banale :

— Une grosse fourmi.

— Na ! rétorque-t-il sur le ton d'un professeur ayant pris un élève en faute.

Je déglutis sans réussir à ravaler ma mauvaise réponse.

— Une fourmi charpentière ! crache-t-il.

— Celles qui mangent les maisons ?

— Disons qu'elles les avalent pas tout rond, mais elles rongent le bois en décomposition.

— Qu'est-ce qu'on fait ?

Il hausse les épaules malgré le « on » qui visait à lui signifier que je ne peux quand même pas lutter seule contre des fourmis sumos.

— Votre maison n'est pas en très bon état, commence-t-il.

Comment ose-t-il ?...

— J'ai dépensé une fortune pour la sauver !

— Vous avez maintenant une fondation solide et un beau sous-sol prêt à être aménagé, mais les murs de votre maison sont restés en carton. C'est à peine mieux isolé qu'un chalet trois saisons et les solives sont pourries sur plusieurs pieds à certains endroits.

Je fouille dans le lexique accumulé au fil des discussions avec fiston. So…li…ve…

Bruno donne un coup de marteau sur un bout de planche noirci par les champignons.

— Une solive, c'est ça. C'est ce qui tient une maison.

— Je croyais que c'était la fondation…

Profond soupir de Bruno.

— La maison est assise sur une fondation. Sans solives, les murs tombent.

Encore des murs qui menacent de s'écrouler ? Après tout ce que j'ai fait ? Payé ? Enduré ?

Ça sent le désastre. Un oiseau affolé bat des ailes dans ma cage thoracique alors qu'une vague de profond découragement s'abat sur moi. Je ne me suis pas engagée dans un travail de rénovation, ni même de sauvetage d'une maison. C'est d'acharnement thérapeutique qu'il s'agit ici.

— C'est sûr que le mieux serait de tout mettre à terre, déclare Bruno en réfléchissant à haute voix.

— J'ai pas les sous et j'ai pas le droit.

— À cause de la bande riveraine. C'est vrai.

Un coup d'œil dans ma direction aide Bruno à comprendre qu'il risque de devoir téléphoner à S.O.S. Suicide bientôt.

— Bon ! La bonne nouvelle, c'est que les solives ne sont quand même pas pourries jusqu'au toit. Tout s'arrange, ma belle !

J'écoute, bonne élève, le cœur palpitant d'espoir.

— Il faut défaire la base du mur par l'extérieur, arracher tout ce qui est pourri, remplacer ce qu'on peut, doubler le reste pour solidifier, puis poser du revêtement pareil mais neuf si vous arrivez à en trouver. Les trois planches mises de côté ne suffiront pas…

— Vous… vous savez faire tout ça?

Son sourire franc, pas prétentieux pour deux sous me fournit la meilleure réponse.

— Et… vous avez le temps?

— Mathieu a encore besoin de moi. Mais c'est un bon gars. Il accepterait de se trouver quelqu'un d'autre sachant qu'ici, c'est plus compliqué. Il faut quelqu'un qui travaille comme si c'était sa propre maison. Et qui est prêt à commencer tout de suite parce que le gel au sol, ça s'en vient vite. Après, la neige va tomber. Il faut que les murs soient fermés avant.

— C'est faisable? Vous pourriez terminer avant l'hiver?

— Il y a rien comme essayer…

J'en profite pour lui demander son tarif horaire. Pas donné mais raisonnable.

— Vous travaillez seul ou avec quelqu'un?

— C'est plus facile à deux. J'aurai pas de mal à trouver un *helper*.

Ma petite cervelle fonctionne à plein régime, effectuant des calculs financiers serrés puis une étude de calendrier. Je prends une grande inspiration. J'expire. J'ouvre la bouche…

— J'ai une proposition. Je ne m'y connais pas en construction, mais je suis en forme et je suis capable d'apprendre. Si vous acceptez, ça pourrait être moi, votre *helper*.

Je prie en silence pour qu'il ne se roule pas à terre en riant à gorge déployée. Bruno promène sur moi un regard sévère, se mordille un bout de lèvre, puis lance :

— Lundi matin. Sept heures.

Rock (flabbergasté) :

— Tu me niaises !

Mishe (rigolant) :

— T'es folle !

Dgépi (amusé) :

— T'es drôle !

Ti-Guy (un peu inquiet) :

— Ben voyons donc !

Peter Pan (sur un ton « ça va de soi ») :

— Je peux te prêter des gants de travail.

Mon frère cadet (un brin fâché) :

— T'économises rien ! Ton ouvrier va perdre son temps à te montrer comment faire. Je comprends pas qu'il ait accepté… Il m'inspire pas confiance, lui.

Cricri (psychologue physionomiste) :

— Répète-moi de quoi il a l'air…

Fiston deux (paternaliste) :

— Maman. MA-MAN !

Fiston un (compréhensif) :

— Ça te plaît ? Tant mieux.

Fillette (pragmatique) :

— Moi aussi, je suis cassée. Je peux aider ?

J'ai failli m'acheter une boîte à lunch en métal noir, le modèle des ouvriers, genre coffre à trésor avec une poignée qui s'aplatit sur le dessus. Si j'étais accessoiriste au cinéma, c'est ce que je me fournirais. Mais Bruno prend peut-être sa pause de midi dans le resto avec des banquettes en cuirette orange au coin de la 117, celui où on se sent un peu étranger quand on n'est pas ouvrier. Me voici donc à l'heure dite, les yeux un peu collés pour cause de réveil trop tôt, vêtue de vieux, avec pour seul accessoire la paire de gants de travail de Peter Pan.

— Bonjour, mam'zelle ! me salue Bruno, son large sourire dévoilant des dents clairsemées.

Je me sens comme une employée en journée d'essai, intimidée par le patron en même temps qu'effrayée par les tâches à accomplir.

— Bonjour… Euh… Ben… Euh… Je fais quoi ?

— Pour commencer, débarrasse-toi de ces gants-là. Ça travaille ben trop mal. On meurt pas d'une écharde.

J'obéis sur-le-champ. Satisfait, Bruno me tend un marteau et une barre de métal en désignant du menton la base du mur extérieur jadis directement appuyé sur le sol.

— T'arraches tout le bois mou.

— Oui, boss.

Bruno me gratifie d'un clin d'œil complice alors que je me félicite secrètement de mon attitude. Un brin d'humour, très peu de mots, des gestes en masse. Voilà qui me semble être la clé sur un chantier.

Au bout de quinze minutes, tous les muscles et les articulations de mes deux mains hurlent au secours. Le mercure indique huit degrés sur le thermomètre miniature de Mountain Equipment Co-op accroché à la glissière du manteau dont ma fille ne voulait plus, pourtant j'ai aussi chaud qu'au beau milieu d'un sprint en ski de fond. Après un sursaut d'angoisse à l'idée que je ne tiendrai jamais huit heures dans le rôle d'esclave de Bruno, j'apprends à diversifier mes mouvements pour déjouer la douleur. Tim me sauve la vie à répétition en me suppliant de tout son être frétillant de lui lancer un gugusse en caoutchouc gluant. Chaque fois, j'en profite pour m'étirer et masser mes mains, mes bras et mes poignets endoloris. Je rêve bientôt de bras élastiques pour m'auto-pétrir les épaules et le dos.

Malgré tout, une fois le maniement du marteau et de la barre de métal un peu apprivoisé, je me découvre un appétit pour la démolition. Fesser dans un mur peut être jouissif. Pour stimuler mon ardeur, je songe à des situations frustrantes et à des gens emmerdants. Dire qu'avec un psy, il faut allonger cent dollars l'heure pour liquider son agressivité alors qu'en démolition, c'est gratuit.

— Je reviens dans une heure, annonce soudain Bruno.

Mon cell indique midi pile. Yé! Fiou! Yabadabadou! J'ai réussi à tenir une demi-journée. Avant de quitter les lieux, mon patron inspecte le tas de bois pourri à côté de moi et ce qui reste à arracher. Il hoche la tête, puis disparaît sans ajouter un mot. J'en profite pour aller espionner ce qu'il a accompli sur l'autre mur. Pas de doute : ce que je fais contribue très modestement à la progression des travaux. Bruno travaille mille fois plus vite.

J'ai un peu envie de le suivre. Je pourrais m'offrir un sandwich au poulet chaud au resto où je le soupçonne de se diriger, mais ça me gêne trop. J'aurais l'impression d'être un imposteur ou de m'imposer. De toute façon, je suis trop exténuée pour rester assise. Je déménage plutôt ma carcasse sur le vieux quai des petits cochons, où je peux m'allonger confortablement. Tim vient se coller contre moi. De gros nuages paresseux, mousseux à souhait, avancent à vitesse d'escargot dans le ciel d'automne. Le soleil est chaud. Des bruits d'arbres et d'eau percent le silence.

Un claquement de portière me fait sursauter. Bruno me surprend, les planches du quai imprimées sur une joue, un filet de bave au menton, le corps trop longtemps immobile secoué de frissons après tant d'heures à transpirer.

— T'as mangé ? s'inquiète-t-il.

— Oui, oui, dis-je en mentant effrontément.

Le pire, c'est que je meurs de faim, mais je suis trop orgueilleuse pour admettre que j'ai ronflé au lieu de me restaurer.

— On essaie de finir le nettoyage aujourd'hui, OK? Je m'en viens travailler de ton côté dans pas long. Demain matin, en remontant vers le nord, tu pourras commander des matériaux.

À seize heures pile, Bruno me remet une liste de trucs à acheter, gravée au crayon de plomb sur un bout de bois. Ses explications me réclament un effort intellectuel titanesque. Épuisée jusqu'à l'étourdissement, une maigre barre tendre périmée récupérée sous la banquette de ma voiture dans l'estomac, j'ai l'impression qu'un camion dix-huit roues s'est amusé à écrabouiller tout ce que j'ai d'os et de muscles.

À dix-neuf heures, après avoir longuement trempouillé dans un bain moussant exquis et dévoré à moi seule presque tout le contenu d'un numéro quatre pour deux du resto thaïlandais-chinois-japonais spécialisé dans la livraison le plus près du condo, je consulte pour la première fois les messages sur mon cell. Timothée, aux anges après sa journée en plein air, dort déjà au pied du lit.

Manu m'invite à l'accompagner à une soirée chic… ce vendredi. Trop comique! Je m'imagine de retour du chantier, troquant mes vêtements crottés contre une petite robe noire ajustée, les genoux éraflés à travers les bas de soie, les membres meurtris, les mains écorchées… Et je me surprends à texter : « *Cé oké.* »

— **S**ix deux par quatre de huit pieds, cinq deux par six de douze pieds, trois quatre par huit de huit pieds.

C'est idiot, ridicule, puéril, mais je jubile. J'ai l'impression de jouer dans un film, accoudée au comptoir de service du centre de matériaux le plus près des petits cochons, à commander d'un ton cool d'habituée les items notés par Bruno sur une retaille de bois.

— Autre chose ?

— Ouaip. Quatre cents pieds de *log cabin* de six pouces, dis-je avec une nonchalance appliquée en priant le ciel pour que le préposé ne me réponde pas qu'ils n'en ont pas.

Bruno soutient que mon revêtement en faux rondins de vrai bois n'est pas très tendance. Je risque de devoir visiter plusieurs centres de matériaux avant d'en trouver.

— C'est bon. On l'a en stock.

La chance me sourit. Je suis peut-être faite pour la construction.

— C'est pour une livraison ?

— Sauf pour les trois quatre par huit. Je partirais avec.

Pouvoir lancer : « Je les prends dans mon *truck* » sonnerait mieux, mais tant pis.

— OK. Vous remettrez ça au gars de la cour à bois, réplique le commis en me tendant un coupon de preuve d'achat.

— J'ai des clous et des vis à prendre avant.

— Pas de problème.

Mon numéro est si bien rendu que deux vieux pros de la construction (ça se voit à leurs mains aussi bien qu'à leurs habits) m'épient du coin de l'œil, sans doute impressionnés par mon assurance digne d'une fille qui n'en est pas à son premier chantier.

Je panique malgré tout au rayon des clous. Il y a plus de sortes de clous ici que de sortes de chips au dépanneur du lac. Je me fais discrète pour obtenir l'aide d'un commis, à qui je tends la liste de Bruno. Sans hésiter, même si rien ne ressemble autant à une boîte de clous qu'une autre boîte de clous, il se dirige au bout de l'allée.

— Combien de livres ? demande-t-il.

Surprise, je l'observe mieux. Qu'est-ce qui lui prend de me proposer des livres ?

— Je ne veux pas de livres. Juste des clous.

— Les clous vrillés galvanisés de quatre pouces et demi viennent en boîte de trente ou cinquante livres, précise le commis sans broncher.

En me penchant pour lire le prix selon le poids de la boîte, je décide sans hésiter :

— Trente livres.

Catastrophe ! Personne ne m'avait dit que les clous sont le caviar de la quincaillerie.

Un vaste territoire insoupçonné se dissimule derrière les centres de matériaux. Un monde d'hommes avec ses usages, ses règles, ses codes. Nat m'a refilé une information cruciale. Les vrais pros ne se contentent pas de tendre le coupon de caisse au préposé à l'accueil de la cour à bois. Je dois exiger d'y entrer pour choisir mes planches. À première vue, ça fait têteux, mais, une fois sur place, on comprend. Le bois, ce n'est pas comme les clous. Ces derniers, lorsque de même taille, sont aussi identiques que des Smarties de la même couleur. Un lot de planches, au contraire, contient de nombreuses tarées avec des trous, des bouts manquants, des écorchures et autres irrégularités peu seyantes.

Le commis, un jeune apollon charmant, m'aide à inspecter les longues planches.

— C'est pas comme une solive ou une *forence*, vous savez, dis-je bêtement, incapable de m'empêcher de babiller. Ce bois-là va servir de revêtement. Je vais l'avoir sous le nez pendant des années.

— Vous construisez ou rénovez ?

— Je sauve la vie d'une maison.

— C'est si pire?

Je remue la tête gravement. Il reste silencieux un moment avant de lancer:

— Ça ne serait pas vous, la madame de la maison catastrophe? Celle qu'ils ont levée de terre…

Les maisons, c'est comme les enfants. Un parent peut se plaindre que son fils est insupportable, mais si un voisin, un ami ou un membre de la famille s'aventure à le déclarer, ça ne passe pas. Conscient de sa bourde, le pauvre apollon tente aussitôt de se reprendre.

— Vous êtes devant un joli lac et vous avez réussi à dynamiter…

Il est trop gentil pour que je le laisse macérer dans son malaise.

— Oui, c'est moi la distinguée propriétaire de la maison catastrophe, avoué-je en souriant, même si les propos de l'apollon m'ont ébranlée.

À son arrivée au chantier, la madame de la maison catastrophe découvre que son entrepreneur est de retour tel que promis pour réparer la porte d'entrée et recevoir le dernier paiement.

Je suis contente de revoir mon bon gros géant rassurant.

— Prête? demande Mathieu. N'oublie pas que c'est normal qu'il y ait des réparations à effectuer. On en avait parlé…

— Oui, oui. Je peux entrer ?

J'allais ajouter « ENFIN » parce que ça fait plusieurs jours que j'ai très envie de reprendre possession de ma petite maison. Assez pour demander à Bruno de réparer lui-même la mautadite porte d'entrée.

— J'aime mieux laisser ça à Mathieu, m'a-t-il servi d'un ton sans réplique. C'est son affaire à lui…

Je grimpe dans l'échelle à défaut d'escalier. Comme dit Bruno : on n'est pas rendus là. Ma maison est désormais deux marches plus haute qu'avant, une élévation ayant reçu la bénédiction de l'inspecteur de la municipalité.

Mathieu pousse la porte, qui ose protester encore un peu, à croire qu'elle hésite à me laisser passer. Enfin, on y est. Je peux entrer.

Un grand fracas me secoue les entrailles. Si j'étais faite de verre, il y aurait des milliers d'éclats par terre. À l'intérieur de la maison des petits cochons, c'est l'horreur. La vraie catastrophe.

*D*ans un passage d'*Alice au pays des merveilles*, l'héroïne pénètre dans une maison où tout est de travers. Les meubles, les murs, le sol, les luminaires… La rumeur veut que Lewis Carroll ait été sous l'influence d'hallucinogènes au moment d'écrire ce conte. Je n'ai rien bu, ni fumé et aucune substance douteuse ne se balade dans mes veines. Or, c'est pareil chez moi. La maison des petits cochons est RÉELLEMENT sens dessus dessous. Tout ce que capte mon regard est bancal et branlant. On dirait qu'une bombe a explosé. À preuve, de longues fractures déchirent les murs de gypse.

Description du désastre :

- la table de cuisine semble plantée au milieu d'un bateau secoué par les vagues du Triangle des Bermudes ;

- l'îlot de cuisine pique tellement du nez d'un côté qu'une tasse de café ne pourrait y tenir sans verser ;

- au-dessus du frigo, un caisson d'armoire détaché menace de s'effondrer ;

- un cratère sépare le comptoir de cuisine du mur ;

- idem dans la salle de bain où la baignoire encastrée semble autoportante;

- plusieurs carreaux de céramique autour du bain ont éclaté;

- deux tringles à rideaux arrachées gisent sur le sol dans la cuisine-salon-salle à dîner;

- un peu partout, des cadres de porte bâillent effrontément, leurs clous exposés comme des griffes.

Impossible de contempler ce spectacle plus de trois minutes sans éprouver le mal de mer, empiré dans mon cas par le choc émotif. Je croyais la chirurgie terminée et me voici devant la table d'opération où gît mon chéri, le ventre ouvert et les tripes sorties.

Des larmes ruissellent sur mes joues. Mathieu s'approche. Je l'assassine d'un regard noir.

— T'avais parlé de fissures et de réparations mineures… T'as jamais dit que ce serait comme ça.

— C'est rien…

— C'est… c'est… c'est…

À défaut d'adjectif adéquat, je me remets à chialer. Le gros géant compatit sans pour autant s'avouer coupable. Selon lui, la propriétaire de la maison des petits cochons a fait poser un plancher neuf sur des panneaux de contre-plaqué croches. Les installateurs ont *shimmé* à outrance, une manière de tricher pour poser des planches droites sur une surface qui ne l'est pas sans que ça paraisse trop.

De plus, la structure étant déficiente, c'est normal que la maison manifeste autant de séquelles après la grande opération.

— Le mieux aurait été de régler les problèmes de fondation et de mettre à niveau *avant* de poser le nouveau plancher, conclut Mathieu. Ta maison est droite maintenant, c'est garanti, sauf que le plancher ne l'est pas.

Le voilà déménagé dans le camp des traîtres à m'accuser d'avoir tout fait à l'envers. La moutarde me monte au nez.

— T'aurais pas pu me le dire AVANT? Ça servait à quoi de lever et de dynamiter si tout est pire qu'avant? Je n'avais pas besoin d'un agrandissement. Je voulais juste continuer à profiter du charme des petits cochons. Eh ben, le charme, il s'est envolé.

— Une maison effondrée, ce n'est pas très charmant, réplique Mathieu. Rappelle-toi: il fallait sauver ta maison. C'est fait.

J'opine mécaniquement du bonnet.

— T'avais pas le choix, ajoute-t-il d'une voix adoucie.

Le géant consulte la montre à son poignet, réfléchit trois secondes et lance:

— Donne-moi la journée. T'auras jamais des planchers droits. Ta maison ne sera jamais aussi facile à chauffer qu'un condo neuf. Mais, pour le charme, je vais t'arranger ça. D'ici à ce qu'il fasse noir, le pire va être réparé. Bruno pourra finir la job éventuellement.

Témoin des dernières minutes de notre échange, Bruno déclare, comme si le décor Tchernobyl ne l'impressionnait pas une miette :

— J'ai besoin de mon *helper*. Si mam'zelle veut sa maison prête pour l'hiver, on n'a pas de temps à perdre.

Il ajoute en rigolant :

— Laisse Mathieu s'occuper de la beauté. Il a plus de chance que moi d'y arriver.

Un clin d'œil dans ma direction ponctue la boutade et hop ! au travail.

Pour faire exprès, histoire de contribuer à mon malheur, les planches livrées sont lourdes et juste assez longues pour compliquer la manutention. En digne responsable du transport des matériaux du stationnement au chantier, je m'éreinte pour la peine, ce qui n'est pas mauvais car j'ai besoin de ne pas réfléchir.

Sinon, en mon for intérieur, mon cœur balance entre deux positions :

1. La maison des petits cochons fait pitié.

Elle n'est pas responsable de ce qui lui arrive, je l'ai adoptée handicapée, je suis encore capable de l'aimer, Mathieu a fait tout ce qu'il peut et moi aussi, tout va bien, sauf que j'aurai payé ma maison en carton le prix d'un château en Espagne si ça continue et il faudrait que mon prochain livre soit un giga-méga-*best-seller* pour renflouer mon compte en banque.

2. Je leur en veux.

À la maison des petits cochons qui s'est faite si mignonne pour me séduire et n'en finit plus de me décevoir, à Mathieu qui m'a si bien rassurée alors qu'une catastrophe m'attendait, à Bruno qui ne pense qu'à la structure et à la pourriture alors que ce qui compte pour moi, c'est l'ambiance, à tous ceux qui m'ont encouragée dans ma folie sous prétexte que la maison de la rue perdue avait... une âme!

— Viens voir! appelle Bruno.

Il exhibe une pièce de bois pourri d'au moins trois pieds.

— T'imagines? C'était dans ton mur! J'ai jamais rien vu d'aussi pire.

— Je suis censée être contente ou quoi?

— Ça prouve que t'as acheté un chalet construit par des sans-dessein et rénové par des imbéciles.

Mes yeux lancent des éclairs.

— Mais on va en venir à bout! ajoute-t-il devant ma réaction.

En m'éloignant, j'inspire profondément. J'aurais besoin d'un mur à démolir.

Plus tard en après-midi, mon patron en remet malgré lui alors que je lui tends une à une des planches à couper. Entre deux vrombissements de scie circulaire, il lâche :

— Sais-tu ce qui me chicote ? Ma fille te connaît. Elle a lu tes livres ! J'aurais pensé qu'un écrivain populaire peut s'acheter une maison moins… ben… plus… euh…

Bruno se tait. Silence d'outre-tombe. On dirait que les arbres eux-mêmes s'immobilisent, en attendant ma riposte.

Le tonnerre éclate :

— Ça suffit ! Je ne veux plus entendre une seule remarque négative sur ma maison. Les faits suffisent. Et pour chaque découverte alarmante, je veux u-ne so-lu-ti-on. Compris ?

— OK, boss, promet Bruno, les yeux pleins de rires.

*L*e scénariste du film de ma vie est tellement doué qu'il pleut maintenant à verse. Rien de mieux pour dramatiser. Bruno m'entraîne dans mon sous-sol neuf « le temps de laisser passer l'orage ». Mathieu vient d'en sortir après avoir rivalisé d'ingéniosité pour redresser le plancher « en travaillant par en dessous ». Bruno compte profiter de cette pause obligée afin d'évaluer le nombre de solives nécessaires pour renforcer la structure.

Debout devant l'ouverture destinée à recevoir la porte-fenêtre (victime d'un délai de livraison !), j'assiste à ma première tempête vue de ce qui sera peut-être un jour mon petit palais. Le spectacle est tel que j'en reste estomaquée. Si près du plan d'eau fouetté par le vent, j'ai beau me trouver à l'abri, on dirait que les rafales s'abattent sur moi. Une pluie torrentielle, démente, déchaînée, crible la surface du lac-étang. De grosses gouttes crépitent puis bondissent en soulevant au passage une multitude de perles d'eau, si légères et sautillantes qu'on les imagine éperdues de joie.

Au bout d'un moment, le vent se lève. Formidable. Tout-puissant. Il balaie la pluie d'un geste impérieux, la promène en tous sens, la fait danser, valser, tournoyer, encore et encore. Lorsqu'il se calme soudain, c'est pour caresser l'eau, telle une main sur un tissu de velours, y étalant de larges plaques noires qui, au gré des mouvements d'une paume invisible, pâlissent ou se parent de reflets argentés. Il souffle et souffle et souffle toujours, sculptant l'eau selon son humeur, lui arrachant des frissons, la faisant frémir, dressant des crêtes, érigeant des pics qu'il frange avec fougue, étalant tout à coup un long tapis de vaguelettes palpitantes.

L'orage draine ma colère, la pluie élimine les dernières traces de ressentiment dans mes veines, le vent charrie loin de moi les sombres fantômes de la désillusion. Ce grand déferlement sous mes yeux n'est plus une tempête, c'est une ode, un cri, un poème.

La pluie cesse brusquement. Le vent tombe aussitôt et le lac-étang redevient miroir. La nature semble désormais en suspens, dans l'attente d'un évènement.

— Tchèque! Là... Wow! s'écrie Bruno. C'est dans le pas mal beau!

En suivant son doigt, mes yeux quittent le lac pour admirer une glorieuse zébrure. Un arc-en-ciel géant.

Un son m'arrache à ma contemplation. Timothée jappe à fendre l'âme. Le pauvre est resté sur la véranda au sommet de l'échelle de fortune, le tumulte de l'orage enterrant ses aboiements. Mathieu joue du marteau tellement fort qu'il n'entend rien. Bruno réagit plus vite que moi. Vif comme l'éclair, il s'élance pour me ramener un pauvre Timothée trempé. Avec des gestes de héros, Super Bruno enveloppe ma petite bête terrifiée dans sa chemise à carreaux pour la frictionner.

— Ça va, mon petit homme, ça va. T'en mourras pas, répète-t-il, moitié moqueur, moitié attendri.

Nat s'amène avec le beau temps, habillée de vieux elle aussi, des bottes de pluie aux pieds, heureuse d'avoir retrouvé son havre de paix en haut de la côte après trois jours de tournage sur la Rive-Sud. Timothée gambade vers elle, aussi heureux que crotté. En l'absence de pelouse, mon terrain inondé par la pluie n'est plus qu'un vaste champ de boue.

L'expression sur le visage de mon amie en dit long sur mon allure. Épouvantable, apparemment. C'est sûr qu'à manipuler des planches couvertes de boue en m'essuyant la figure souvent, je n'ai rien d'une belle d'Ivory. Le capital de séduction de l'esclave de Bruno doit être à son niveau le plus bas.

— T'as le choix, ma chérie, annonce Nat. Tu patauges dans la bouette avec Super Bruno ou tu viens boire un chablis avec moi.

La jolie délinquante m'arrache un sourire sans pour autant me faire faiblir.

— Je reste jusqu'à ce que Bruno ait fini sa journée. On a un échéancier à respecter avec des jobs à terminer sans faute avant les premières neiges.

— Bon, bon. J'aurai essayé. Je peux vous aider. J'avais prévu le coup…, avoue-t-elle en tournoyant sur elle-même pour nous faire admirer sa tenue de *helper*.

On trouve rapidement le rythme et la manière. Je mesure la longueur des fourrures requises (Bruno a pouffé en apprenant de Nat que le terme exact pour *forence* est fourrure), le patron scie et notre ouvrière-surprise cloue. Je suis *busboy* et elle, serveuse. Je rumine ma jalousie jusqu'à ce que Nat m'offre un cours de clouage 101 amélioré par les conseils de Bruno. Après, elle me laisse la remplacer de temps en temps même si mon clouage est laborieux.

Le soleil d'octobre est bas lorsque Bruno annonce :

— Demain, on pose la membrane avant de recouvrir le mur du fond.

— Le Tyvek! dis-je, fière de comprendre et ravie d'apprendre que Bruno juge la journée terminée.

Nous nous sommes échinés comme des forçats, sans pause de dîner, Bruno voulant profiter de la pluie pour faire avancer la besogne au sous-sol. Nat s'est éclipsée pour jouer les cantinières, ramenant de sa cuisine de gros sandwichs jambon-beurre et des biscuits en forme de feuilles d'érable. Elle a livré un repas à Mathieu au rez-de-chaussée en se gardant de me renseigner sur l'évolution des travaux à cet étage.

J'allais grimper dans l'échelle lorsque mon amie s'interpose :

— Mathieu va continuer encore un peu. Il préfère que tu attendes à demain matin avant d'aller fouiner au rez-de-chaussée.

Si je m'écoutais, je la supplierais de m'en dire davantage. Qu'est-ce qui est réparé? À moins que la situation ait empiré… L'îlot s'est-il finalement effondré ? Ou peut-être les caissons du haut dans la cuisine ? La baignoire risque-t-elle d'atterrir au sous-sol en défonçant le plancher ?

— C'est l'heure du chablis, tranche Natalie.

— Le plus drôle du lot, c'est l'Américain.

— Nat…

Une bouffée de honte m'envahit. Si un homme que j'ai rencontré se confiait à ses amis comme je l'ai fait avec Nat et Cricri, je rêverais de le décapiter.

— Celui qui voulait absolument s'occuper de ton sèche-linge ! insiste Nat en s'esclaffant.

Le vin aidant, mes réticences fondent rapidement et je pouffe de rire.

— J'oublie comment on s'est retrouvés à parler d'électroménagers au jour un. J'ai dû mentionner que mon sèche-linge remuait les vêtements sans les sécher et que j'avais très envie de m'en débarrasser. Ti-Guy, Rock, fiston deux et Richard ont tous essuyé de cuisantes défaites en tentant de réparer la mautadite machine. En m'entendant annoncer que j'allais remorquer l'emmerdeuse au sommet de la rue de la maison des petits cochons avec l'espoir que quelqu'un l'adopte et lui redonne vie, l'Américain est devenu très excité. Même que ça m'a froissée de constater que mon sèche-linge l'allumait davantage que moi.

— Ce qui ne t'a pas empêchée de l'inviter chez toi.

— Il voulait absolument tenter à son tour de remettre l'appareil en état de fonctionner. C'était un grand monsieur, poli, bien mis, intelligent et hyper gentil. Du genre à ne pas pouvoir écraser une mouche. J'ai accepté qu'au deuxième rendez-vous il s'amuse avec le sèche-linge pendant que je préparerais un repas.

— Et à un moment donné, en levant les yeux, t'as vu un nombre hallucinant de pièces de sécheuse répandues sur le sol. Il l'avait complètement démontée, hein?

— Tout à fait. Il a travaillé pendant des heures. Puis, il s'est installé devant mon ordi pour commander une pièce de remplacement. Selon son diagnostic, le thermostat électronique malheureusement installé tout au fond de l'appareil était défectueux. J'ai presque dû le supplier pour qu'il s'arrête vingt minutes afin de faire honneur à ma lasagne aux fruits de mer cuisinée avec soin à défaut d'amour.

— Et après, vous avez baisé comme des dieux, lance Nat en partant d'un grand fou rire.

— Mauvaise langue! Après, j'ai dû attendre deux semaines avant d'avoir de ses nouvelles. Il m'a rappelée le jour où il a reçu la pièce. J'ai préparé un couscous royal pendant qu'il installait le satané thermostat, puis rassemblait tous les morceaux éparpillés pour reconstruire mon sèche-linge.

— Et alors?

— Il a joué avec les boutons pour lancer un cycle et… ma *chécheuse chéchait*!

— C'est drôle… dans mon souvenir, il me semblait qu'il n'avait pas réussi.

— Le lendemain, la *chécheuse* a *ceché* de *chécher*.

Nat ayant ouvert un brouilly exquis pour succéder au chablis, je constate que vins et virelangues sont peu compatibles. Une fois le fou rire éteint, je parviens à prononcer:

— Le lendemain, la sécheuse a cessé de sécher.

— Ah? C'est pour ça que tu l'as largué?

— Non. Au jour trois, l'Américain a pété les plombs lorsqu'on a raté une séance de cinéma par ma faute. J'avais emprunté un mauvais itinéraire pour m'y rendre… Disons que le gentil monsieur aussi doux qu'un agneau a révélé une facette inquiétante de sa personnalité. C'est dommage. J'aurais aimé qu'il soit simplement étrange et gentil. Je l'aurais gardé dans ma vie à titre d'ami.

— Et ta *chécheuse*? A-t-elle *recommenché* à *chécher*? demande Nat en essuyant les larmes de rire sur ses joues.

— Il n'y a pas longtemps, juste avant le début des travaux d'excavation, Dgépi a trouvé le bobo en lisant sur Internet le manuel d'instruction que j'avais égaré.

Nat ne connaissait pas ce rebondissement. Elle attend, suspendue à mes lèvres, pendant que je savoure mon plaisir de conteuse.

— La solution était dans les pitons! L'Américain a démonté l'appareil et remplacé le thermostat pour rien.

Dgépi a lu qu'il suffisait d'appuyer cinq secondes sur le bouton de mise en pause pour éteindre ou rallumer la source de chaleur. L'Américain a dû faire exactement ça par pur hasard.

— Tu ne lui as jamais dit qu'il n'avait pas réussi?

J'esquisse une grimace tristounette.

— C'est moche d'accumuler les déboires amoureux…, concède Nat en parlant pour nous deux.

— Le pire… dis-le à personne… c'est que, malgré tout, dans les derniers retranchements de mon cœur, j'espère encore un peu. Parfois…

— Es-tu sûre? Plusieurs de tes amis, moi comprise, pensent que tu ne veux pas vraiment.

— Mais… j'ai tellement essayé…

— Tu leur trouves toujours trois milliards de défauts! Tu veux la vérité?

— Non, Nat, je m'intéresse seulement aux mensonges.

— Te fâche pas… Je pense qu'à force de vivre dans la fiction, tu préfères les hommes que tu peux inventer. Ce n'est pas facile pour un mâle en chair et en os de rivaliser avec tes héros sur mesure.

J'aimerais pouvoir me fendre de rire, mais ce qu'elle avance n'est pas faux. J'y ai déjà songé. C'est fou comme les considérations plus sérieuses dégrisent. Me voilà en proie à une puissante attaque de vague à l'âme.

— J'avoue… Mais je ne rêve pas d'un prince parfait. Je voudrais…

Une image me vient à l'esprit.

— Je voudrais quelqu'un qui me multiplie.

— Euh… de… beu…

— Je voudrais participer à une glorieuse alchimie.

— Rien que ça !

— Comme quand on fait un livre illustré pour enfants. J'écris un texte. L'illustrateur conçoit des images. Le livre réunit les deux. Parfois, les illustrations sont superbes, mais, en ajoutant le texte, ça ne lève pas. Le contraire peut être vrai. La magie opère quand les images éclairent le texte et le texte illumine les images. Lorsqu'au lieu de s'additionner, ils déclenchent une réaction en chaîne. Ils font naître un assemblage qui les dépasse. Une glorieuse alchimie.

— Je vote pour… J'aime ça, murmure Nat d'une voix ensommeillée.

— Pense aux couples autour de toi. Combien se multiplient au lieu de s'additionner ?

— Tu prends la chambre d'amis ? questionne Natalie, à moitié endormie.

*M*es bottes s'enfoncent dans la boue. Timothée cale dans la vase derrière moi. Il est six heures du matin, mais on se croirait en pleine nuit. Le soleil aura du mal à percer le ciel plombé. À part mon chien et moi, on dirait que tous les habitants de la planète sont encore au lit.

Je laisse mes bottes devant la maison des petits cochons et je referme la porte avant que Tim ne me rejoigne à l'intérieur. Il est beaucoup trop crotté pour avoir la permission d'entrer! J'allume. Première réflexion: j'aurais pu garder mes bottes et Timothée aurait le droit de me suivre. Les planchers sont à peine moins boueux que le sol dehors.

J'ose lever les yeux. Ouf! Mon bon gros géant a réussi un exploit. Cette fois, je reconnais ma maison. Les caissons sont droits, l'îlot aussi, la table de cuisine ne donne plus la nausée, les rideaux sont accrochés et les cadres de porte recloués. Je respire mieux. Une semaine de plâtre et de peinture, et le tour sera presque joué.

À l'arrivée de Bruno, Tim a pris un lavabo et j'ai enlevé une épaisse couche de saleté des planchers. Malgré le ciel menaçant, on s'attaque à la membrane isolante qui doit être installée partout où le revêtement a été arraché et les montants remplacés.

— Bien dormi? s'informe mon patron alors qu'on travaille en silence depuis une bonne heure déjà.

— Avec ce que j'ai bu hier soir, j'ai plutôt l'impression d'être tombée dans le coma.

— C'est bon, ça. T'en avais besoin. Mais tu risques d'en baver aujourd'hui.

Sur ce, il rit!

Helper, c'est une sorte d'esclave. Apporte-moi ci, tiens-moi ça, déroule par ici, découpe par là, cours chercher ce qui manque. Même s'il joue les durs, Bruno est un tendre. De temps à autre, il lâche un « Merci, ma belle » ou « C'est en plein ça! » pour m'encourager.

Un peu avant midi, Nat arrive avec le ravitaillement.

— Essaies-tu d'abuser de moi? questionne Bruno, les yeux brillants de joyeuse malice. Tu veux me faire sauter mon heure de lunch en me gardant ici, c'est ça?

Au menu aujourd'hui: sandwichs grillés au fromage Oka, pommes vertes, barres tendres, dattes et noix. Un festin, quoi. Surtout qu'on peut prendre notre repas assis bien au chaud dans la cuisine-salon-salle à dîner des petits cochons.

Je mords à belles dents dans un sandwich encore tiède.

— Des chips, vous connaissez pas ça? demande Bruno, bougon.

— Je peux aller en chercher au dépanneur, propose Nat sèchement, une bouchée de sandwich de travers dans la gorge.

Bruno éclate de rire, fier de son coup.

— Ben non ! Je vous étrive. C'est délicieux, mam'zelle. Un peu trop bon pour la santé à mon goût, mais une fois n'est pas coutume, ajoute-t-il avec un clin d'œil complice dans ma direction.

Je profite du moment.

— Bruno...

— Oui, ma belle. Que puis-je faire pour vous ?

— Je me demandais... Étant donné que le temps presse, que ça sent de plus en plus l'hiver et que je pars bientôt en France pour mes livres... ben... je me demandais si tu ne pouvais pas travailler samedi.

Son visage se transforme. À croire que je viens de lui demander de se tronçonner un bras à froid.

— Samedi ?! Non, mam'zelle. Le samedi, c'est sacré. Pis le dimanche pareil.

Nat attend la suite. Et moi de même. J'imagine Bruno occupé à se construire un camp de chasse ou à taquiner la truite le week-end.

— La fin de semaine, Bruno fait l'amour avec sa blonde, explique-t-il, diablement sérieux cette fois.

— Tu trouves pas qu'il manque quelque chose ? s'informe Bruno.

Nous nous affairons à doubler les solives au sous-sol au lieu de clouer des planches de revêtement dehors parce que le ciel déverse à nouveau des trombes d'eau depuis hier après-midi.

— Il manque un plafond, une porte-fenêtre, deux autres fenêtres, l'isolement d'uréthane, des murs par-dessus, un beau grand lit…

— Non, non. Là, tout de suite…

— Je donne ma langue au chat.

— J'haïs pas ça travailler avec un peu de musique, explique Bruno.

Je ramène de la chambre bleue mon haut-parleur Bose portable, j'allume mon cellulaire et j'appuie sur la touche B du programme réunissant des morceaux par ordre alphabétique selon le nom de l'artiste. Barbara, Bécaud, Bei Xu, Brassens, Brel…

Houlaaaa… C'est bon ! La musique fait fondre les petits grumeaux de tension dans mon système tout en me délestant d'au moins la moitié de mon poids. J'en oublie que j'ai mal aux bras et au dos à force de trimballer et de soutenir les planches de quatre par huit selon les ordres du patron.

— Ça fait trente minutes, annonce tout à coup Bruno.

— Trente minutes ?

— C'est à mon tour !

Bruno sort un cell de sa poche, cherche le signal, se branche et… « Si j'avais un char, ça changerait ma vie… », vocifère un inconnu.

Bruno l'accompagne d'une voix étonnamment juste :

— J'irais me promener… Sur le bord de la Gaspé-siiiie… Mais j'ai pas mon chaaar… Faque je vas prendre un taxi… Tadadadada… Avec toi, ma joliiiie.

— Tu veux de la visite ? demande Peter Pan.

— Non. Je suis crevette.

(Silence.)

— C'est une coche de plus que crevée…

— Et ça avance ? T'es contente ?

Cinq minutes plus tard, Peter Pan entre sans frapper. Me serre dans ses bras de bon frérot. Me tend un dé à coudre d'un scotch rapporté d'Écosse qu'il cachait dans son dos. Dix minutes après, il connaît tous mes derniers déboires de chantier. En guise de conclusion, je m'exclame :

— La petite maudite !

Pierre rit de bon cœur.

— Mets-en ! En gros, si je comprends bien, le loup ne peut plus mettre à terre la maison des petits cochons, mais elle est pleine de trous à reboucher.

— Pire que ça ! La moitié des trous ne se bouchent pas. L'air va continuer de passer à travers parce que c'est mal isolé.

— Un peu de laine rose, ça te tente pas ?

— Na. Il faudrait tout défaire et recommencer. Les murs ne respirent pas. Pour que la laine joue son rôle, il lui faut de l'espace, du vide. Sinon, c'est pire que rien.

Peter Pan m'observe comme si j'avais quatre yeux et deux nez.

— Qu'est-ce qu'il y a ?

— Je vais commencer à croire que tu t'y connais.

— C'est pas de la mayonnaise là-dedans, dis-je en me martelant le front du bout de l'index. J'apprends... Je t'avouerais même que j'aime un peu ça.

— Si ton prochain livre est un flop, tu sais dans quoi te recycler. Sans blague : je suis fier de toi.

— Moi aussi ! dis-je en rigolant. Je ne sais pas si c'est du courage ou juste l'énergie du désespoir. Ça me fait penser à quand mes enfants étaient petits. Il y a des jours, après trop de nuits blanches, d'otites, de gastros, de drames, petits, moyens et grands, où on pense qu'on ne peut plus rien encaisser. Un seul pleur, une simple dispute et tout va péter. Mais ça n'arrive pas. On fouille dans ses fonds de tiroirs et on trouve des vieilles miettes d'énergie un peu éventées.

— Tu me donnes vraiment le goût d'épouser une fille qui se meurt d'avoir des enfants !

On s'esclaffe.

— Bon. Je te laisse dormir.

Juste avant de franchir le seuil, Peter Pan se retourne.

— J'ai trouvé un nouveau nom pour ta maison. Et pour toi du même coup. La princesse du palais des courants d'air !

— Wow ! Je me sens vraiment mieux. Allez ! Adieu.

*E*nfin vendredi! Youpi!!! Une chance que Bruno fait l'amour le samedi. Je ne tiendrais pas un jour de plus. Hier soir, je suis tombée endormie sur le divan framboise de la maison des petits cochons sans même prendre un bain ou une douche. Et ce matin, Timothée m'a réveillée en aboyant pour signaler l'arrivée de Bruno. Résultat: je m'active aujourd'hui dans ma crasse d'hier.

Tant pis. La journée s'annonce belle. Zéro nuage à l'horizon. L'air frais m'arrache des frissons, mais je compte sur Bruno pour m'imposer des tâches qui réchauffent.

— Si tout va bien, on devrait refermer ta maison aujourd'hui, se réjouit-il. Plus de trace de pourriture et du revêtement partout. Après, qu'il pleuve, qu'il neige, qu'il tombe des vaches ou des moutons, on s'en contrefout.

Mon patron a le don de balancer des expressions qui semblent parfois sorties tout droit d'un délire. Un peu plus tard, lorsqu'une volée d'outardes balaie le ciel, il s'exclame:

— C'est beau comme une première communion!

Un peu avant la pause de midi, le voilà qui annonce, plus prosaïque cette fois:

— Tiens! V'là ti pas ton *ingnégnieur*!

Du coup, il décide d'aller réparer un cadrage extérieur en hauteur, histoire (je commence à le connaître) de ne pas avoir à fraterniser avec ledit visiteur. Je me souviens de la tension palpable entre l'équipe de Mathieu et monsieur l'ingénieur lorsqu'ils se sont croisés.

— Je repasse toujours, explique l'homme qui m'a donné sa bénédiction d'expert avant le déclenchement des travaux. Ça s'est bien déroulé?

J'ai envie de lui demander s'il le savait, lui, que la maison des petits cochons se transformerait en site de désastre. Et s'il se doutait qu'en la soulevant, on trouverait autant de bois pourri.

— Pas si pire, dis-je dans un élan maternel pour protéger la réputation des petits cochons.

— Tant mieux, tant mieux, réplique monsieur en se dirigeant vers le sous-sol.

Il s'arrête devant le lac-étang où le soleil allume des étoiles clignotantes.

— Jolie vue, commente-t-il.

Puis, après avoir inspecté les murs de béton:

— C'est du beau travail!

Le voilà maintenant qui rôde autour des deux poutres d'acier formant un T à l'horizontale au-dessus de nos têtes. Au bout d'un moment, son air dubitatif et ses sourcils froncés commencent à m'énerver.

— Il y a un problème ?

— Pour le savoir, il faudrait calculer les charges.

Un regard dans ma direction lui confirme que j'ai besoin d'une traduction.

— Vous m'aviez demandé si votre maison pouvait être levée et si la technique proposée par votre entrepreneur était fiable. J'ai dit oui. Mais vous ne m'avez pas demandé d'effectuer les calculs pour déterminer le type de poutre nécessaire en fonction de la maison.

J'espère de tout cœur me tromper parce qu'il me semble que ça sent la tragédie.

— Il aurait fallu ?

— Votre entrepreneur vous a assuré qu'il l'avait fait. C'est vous qui me l'avez affirmé…

— Ça se peut… J'oublie… Il y avait tellement de détails… Oui ! Ça me revient. Mathieu m'a juré qu'il savait exactement quelle grosseur de poutre installer.

Fiou ! Je m'en souviens. Cher merveilleux Mathieu. Je comprends mieux pourquoi les gars de construction se méfient des ingénieurs. Cet air interrogateur, ce soupçon permanent inscrit dans l'attitude, c'est énervant. Et pour rien, en plus !

Le hic, c'est que monsieur l'ingénieur ne bouge pas. Il garde le regard vissé sur la poutre maîtresse.

— C'est gentil d'être venu jeter un coup d'œil, dis-je, impatiente de reprendre le boulot avec Bruno.

— Je peux faire les calculs sans vous facturer. Rock est un bon ami.

— Ça donnerait quoi ? Il est trop tard de toute façon. Et puis, entre nous, avec une aussi grosse poutre pour une si petite maison en carton…

L'expert n'en démord pas :

— C'est peut-être correct, mais, à vue de nez, je dirais que ça mérite une vérification. Au moment de revendre votre maison, l'inspecteur en bâtiments mandaté par l'acheteur peut recommander un calcul des charges, surtout s'il sait que la structure a été modifiée. Dans le cas de votre propriété, c'est flagrant. Si votre maison ne passe pas le test, vous êtes dans le pétrin…

Pincez-moi quelqu'un. Ce que cet oiseau de malheur déguisé en ingénieur avance est trop catastrophique pour que je l'envisage. Je veux bien croire que la réalité dépasse souvent la fiction, mais là, c'est juste trop. Trop gros. Trop laid. Trop é-pou-van-ta-ble.

— Et si je ne vends pas ?

— Vous pourriez avoir des ennuis. Dans le cas d'une importante chute de neige, par exemple. Le problème avec votre maison, c'est le toit. La façon dont on l'a construit ne permet pas une bonne répartition de la charge. C'est ce qui explique la nécessité d'une poutre maîtresse d'une taille qui peut sembler excessive…

Est-il en train de me dire qu'après qu'on a soulevé, arraché, excavé, dynamité, puis coulé une nouvelle fondation, la maison des petits cochons peut encore s'écrouler? Je navigue en plein cauchemar ou quoi? Le pire, c'est qu'il s'avère diablement convaincant, ce monsieur.

— Si le calcul des charges révèle que la poutre est inadéquate, qu'est-ce qu'on fait?

Ma voix tremble, j'ai les larmes aux yeux, et je me déteste. J'aurais dû insister auprès de Mathieu ou poser plus de questions à l'ingénieur lors de sa visite initiale. Mon frère avait raison. Je suis nulle! Je me sens soudain aussi moche et découragée que le jour où mon fils aîné a commis sa première grosse gaffe d'adolescent. J'avais l'impression d'être la pire mère de la planète, d'avoir erré en tous points en tant qu'éducatrice et, surtout, d'être en train de perdre mon fiston adoré chéri dans les bas-fonds de la perdition.

— Il y a toujours une solution, répond l'ingénieur sur un ton que je ne juge guère encourageant.

Il allait refermer la portière de sa voiture lorsqu'une brusque pensée me traverse l'esprit. L'uréthane! Dès que la porte-fenêtre et ses deux petites sœurs seront installées, ce qui ne devrait plus tarder, des experts isoleront les murs du sous-sol à l'uréthane. Les poutres seront partiellement recouvertes. Est-ce que ça changerait quelque chose à la suite de ce mélodrame structurel?

— Vous faites bien de le mentionner, commente monsieur l'ingénieur. Je vais me dépêcher. Vous saurez ce qui doit être fait pour rectifier la situation lundi au plus tard. Ça vous va?

Si ça me va? Ça dépend de ce que vous allez trouver!

*B*runo boude. Il m'a quittée avant le départ de l'ingénieur, sans doute pour aller luncher dans le resto au coin de la 117 avec ses compatriotes ouvriers. Et maintenant, il multiplie les ordres sans ajouter les finesses qui me ravissent dans le style « Merci, ma belle » ou « C'est parfait, ma jolie ».

Au bout d'une heure, j'éclate :

— L'ingénieur est venu sans que je l'aie invité. Selon lui, la poutre n'est peut-être pas assez solide. Il me propose de faire un calcul de charges bé-né-vo-le-ment.

Silence. Je croyais qu'il ne réagirait jamais lorsqu'il lance tout à coup :

— Ils sont fous, ces ingénieurs ! T'inquiète pas, ma belle. Ta poutre pourrait soutenir une église. Il peut calculer jusqu'à l'an prochain, ça ne changera rien.

Super Bruno me gratifie d'un clin d'œil olympique. Fiou ! Je suis rassurée. Et l'abcès est crevé. Bruno a compris que je ne suis pas un traître, que j'ai confiance en l'équipe de Mathieu et que je ne cache rien à mon patron préféré.

Bien que le temps presse, j'ai droit à un cours privé de clouage et à quelques exercices pratiques. Mes performances en manipulation du marteau se sont nettement améliorées et, les mots d'encouragement de Bruno aidant, j'en oublie ma déconfiture du matin. Me voilà en pleine fiction à m'imaginer érigeant une tour de quatre étages entièrement vitrée adjacente à la maison des petits cochons. À l'étage supérieur, j'installerais une table et une chaise pour écrire en voisinant les nuages.

— Il va peut-être nous manquer une ou deux planches de revêtement, grogne Bruno au beau milieu de l'après-midi.

La pile est effectivement basse, mais il reste peu de pieds carrés à couvrir.

— On gage? je propose.

— Si ça t'amuse…

— Je gage qu'on en a assez.

— Ça tombe bien, réplique Bruno. J'aurais gagé le contraire de toute manière.

Dans ma petite tête tordue, je songe: si je gagne, ça signifie que tout va bien; si je perds, ça veut dire qu'un millionième désastre me pend au bout du nez. Au même moment, coup de théâtre! Le ciel s'obscurcit, comme sous l'effet d'un mauvais sort. De lourds nuages engloutissent sauvagement le soleil, puis un coup de tonnerre funeste secoue le silence. Et voilà que les chutes Niagara tombent sur nous.

Qu'à cela ne tienne, Bruno a décidé que ma maison serait rhabillée aujourd'hui. Il se met à siffler, à croire que ce geste le rend imperméable, et il continue de clouer, à demi protégé par le bout de toit qui le surplombe. Je rapproche de nous les dernières planches à poser et constate… grrrrr… que nous allons effectivement en manquer.

À la manière d'un vieux couple, Super Bruno et son esclave n'ont pas besoin de discuter. Un regard suffit : Bruno veut que je retourne au centre de matériaux subito presto.

En poussant la porte de l'établissement, j'ai une pensée rapide pour mes cheveux défaits, mon visage maculé de terre, mes vêtements mouillés et crottés, et l'odeur indescriptible que je charrie. Où ai-je rangé mon orgueil ? Je ne me reconnais plus !

— Pas sûr qu'il nous en reste, prévient le préposé.

Grrrrrrrr… Pendant qu'il vérifie dans l'ordinateur, je me répète que je suis vraiment bête comme une oie d'établir un lien entre le résultat d'un pari et les désastres à venir chez les petits cochons. Arrête de te faire du mauvais sang !

— Il reste cinq planches.

— *Yeeesssss !* C'est parfait. Je pars avec… À condition que vous me donniez un petit drapeau rouge parce qu'elles vont dépasser de ma voiture.

— Vous êtes sûre que ça va aller ?

— Tout à fait !

Je me précipite vers la cour à bois. Le préposé me salue gentiment. Nous sommes presque devenus amis. Je lui tends ma preuve d'achat. Il m'invite à le suivre. J'immobilise ma voiture à l'endroit indiqué. Hon! Quelqu'un soupèse les dernières planches en faux rondins de vrai bois comme s'il allait me les voler.

Vite. Je m'approche, prête à défendre mon butin.

Un long tremblement secoue mon corps tout entier. J'ai le cœur dans la gorge et des marteaux plein les tempes. Cette silhouette…

Il se retourne.

C'est lui.

Paul.

Son regard immobile. Ces yeux dans lesquels je me suis si souvent perdue. L'iris de ciel gris parcouru d'éclairs tantôt sombre tantôt étoilé.

Il esquisse ce qui pourrait ressembler à une promesse de sourire alors que son regard glisse sur moi. De la tête aux pieds puis de retour à la tête, en s'attardant à la bouche, au nez, aux yeux, aux cheveux. Alouette! Et glou et glou!

Mille fois, j'ai imaginé le rencontrer par hasard. Toujours dans un décor bucolique, vêtue de mes plus seyants atours, rieuse et bronzée, débordante d'allégresse. Un coup d'œil l'aurait convaincu que j'ai survécu, qu'il ne m'habite plus, qu'il ne me possède plus tout entière, corps, cœur, âme et esprit. Qu'il ne monopolise plus mes rêves, mes espoirs, mes peurs, mes fantasmes, mes doutes…

— Je… je suis dégueulasse… Je travaille sur ma petite maison…

Il ne dit rien. Sa présence m'enveloppe. Je me souviens de paroles qu'il aimait répéter : « Tu peux te maquiller, tu peux grimper sur des talons hauts, moi, je t'aime nature. »

De là cette expression sur son visage. Mon allure ne le repousse pas. Au contraire… Peut-être même que…

— Ça te va bien, dit-il d'une voix somptueusement caressante alors que son fabuleux sourire, ce sourire qui m'émeut, me renverse, m'expédie droit au ciel, s'épanouit pleinement.

La même sonnerie. Je la détestais. Un croisement entre le pin-pon d'une sirène de pompiers et les beuglements d'un animal en détresse version électroacoustique.

Paul colle l'appareil à son oreille sans s'embarrasser des formules de salutation, n'offrant que son froid mutisme à son interlocuteur. Ou à son interlocutrice…

— C'est bon. (Silence.) Oui. (Silence.) Non. (Silence.) J'arriverai quand j'arriverai.

Je reconnais ce ton, le type de discours aussi. Il glisse l'appareil dans sa poche et renoue avec moi.

Mes lèvres dessinent un maigre sourire triste qui n'arrive pas à fleurir. Une simple sonnerie a suffi pour dissiper le sortilège. Il fallait s'y attendre.

Son regard d'eau, de mer et de ciel me dit qu'il le sent, lui aussi. Que le charme est rompu. Que l'instant de grâce qui nous a momentanément unis n'était qu'un petit cadeau de la vie. Le rappel de ce qui a existé, de ce qu'on aurait aimé pouvoir saisir, étirer, retenir.

Peut-être suis-je enfin désensorcelée pour de bon. Je n'ai déjà plus si follement envie de boire dans ses yeux, je ne rêve déjà plus de l'entendre rire de ce rire inouï qui est le sien, comme s'il explosait de joie, comme s'il allait avaler le ciel.

Je sais désormais ce que j'aurais dû savoir la toute dernière fois que ses longs bras vigoureux m'ont enveloppée en me laissant croire que j'étais la plus prodigieuse invention du monde. Je sais que nos corps ne se réuniront plus jamais et que, malgré toute la souffrance que cela engendre, c'est sans doute mieux ainsi.

Paul et moi ne nous sommes jamais multipliés. On ne s'est qu'additionnés, soustraits, divisés. Et en dépit des formidables feux d'artifice, nous n'avons jamais produit ensemble cette glorieuse alchimie à laquelle j'aspire.

— Je vais prendre mon bois parce que l'ouvrier en a besoin tout de suite…

— Moi, j'attends un camion qui devrait arriver dans les prochaines minutes. Une commande spéciale…

— Tout ce que tu fais est spécial. Ça sera sûrement beau, murmuré-je, sincère.

Son regard vacille. Mes paroles d'encouragement lui manquent. Je m'en rends compte. Je ne les ai pas prononcées pour le lui rappeler. Elles sont simplement venues.

— À plusse, dis-je encore, consciente que ces mots sont les plus idiots, les plus maladroits, les plus banals, les plus inappropriés qu'on puisse imaginer.

Et en même temps, les seuls possibles.

— Va te coucher ! Tu couves quelque chose de contagieux, c'est sûr, tranche Bruno alors que je dépose les planches à ses pieds.

J'ai beau protester, il n'en démord pas.

— Dans quelques heures, j'aurai terminé. Tu vas me manquer, mais je peux me débrouiller sans toi. Allez, disparais de ma vue !

Comment lui expliquer que ce que je couve n'est pas infectieux ? Je viens d'expulser un motton de peine d'amour qui s'était logé dans un repli de mon cœur. Ça va passer.

N'empêche que l'idée d'un bon bain, d'un thé brûlant, d'une courte sieste au fond d'un lit douillet pour finir de me guérir d'une relation aussi flamboyante qu'écorchante me plaît tout à fait.

Musique d'accompagnement : *Say Something (I'm Giving Up On You)*. Cent fois déjà, j'ai écouté cette chanson en songeant à Paul.

Peut-être suis-je bel et bien guérie, sauf qu'en sortant du bain, le corps frissonnant tapissé de bulles de mousse à la rose des bois, je me roule en boule sous les draps dans ma chambre et je pleure à chaudes larmes, Timothée dans mes bras.

À mon réveil, je ne sais plus où je suis. Après avoir reconnu les lieux, il me faut plusieurs secondes avant de me souvenir de Paul. Et du reste.

Bruno a-t-il terminé ? Est-il parti ?

Oui. Et il fait noir déjà. Et… le bruit étrange que j'entends, c'est le concerto de mon estomac. Ces gargouillis me rappellent que je n'ai rien avalé de la journée. Pas même un café, pas même un bout de pain.

J'attrape une barre tendre au fond d'une armoire où toutes les bouteilles, toutes les boîtes, tous les sachets se sont affalés. K.O. après les travaux. Comme moi après Paul.

Récapitulons… Après un mari, un amoureux et un demi-milliard de rencontres infructueuses, je suis seule désormais. J'ai trois enfants très occupés qui m'adorent et que j'adore, un petit chien craquant, des amis aimables et aimants, une maison encore défectueuse mais moins pourrie et plus solide qu'avant et un métier qui me propulse encore au paradis.

Que sais-je d'autre ? Il fait déjà presque nuit, nous sommes vendredi, j'ai faim et… quelque chose me chicote. Ai-je oublié d'éteindre un rond ? Laissé couler l'eau dans la baignoire ? Non… Fausse alarme sans doute.

— AAAAAAHHHHH ! Manu !

La soirée chic… c'est aujourd'hui ! Le duo électrique ingénieur + Paul m'a fait oublier notre rendez-vous. Manu m'attend-il encore dans le hall d'entrée du Musée des beaux-arts ?

Je dois l'avertir. Trouver son numéro parmi les contacts dans mon cell. Utiliser la ligne fixe de la maison des petits cochons pour le joindre. Il m'a sûrement laissé des tonnes de messages sur ma boîte vocale, le pauvre.

Nooon! Horreur! Catastrophe! Mon cell est mouru. Zéro batterie. Même pas l'ombre d'une petite ligne rouge. Au secours!

*P*ourquoi la vie n'est-elle pas un conte de fées? J'ai besoin d'une fée-marraine. Là, tout de suite. Vite! Une petite grosse joufflue comme dans le *Cendrillon* de Disney, capable de freiner les aiguilles des horloges et de transformer l'épouvantail que je suis en princesse pomponnée prête pour une soirée chic.

J'ai follement envie de me glisser dans mon lit, de rabattre les couvertures sur ma tête et de dormir aussi profondément que la Belle au bois dormant. Le temps d'enfiler une robe, de me maquiller et de me coiffer, le cocktail dînatoire avec orchestre symphonique en l'honneur de je ne sais plus quelle fondation de prestige sera terminé. Manu est déjà déçu, sinon franchement fâché contre moi. Il aura passé la moitié de la soirée à m'attendre et à tenter de me joindre sans succès.

Manu! S'il en est un qui ne mérite pas un tel traitement, c'est bien lui. L'homme le plus courtois, délicat et attentionné que je connaisse. Un vrai gentil pure laine. Il ne m'avait jamais invitée à un évènement semblable. L'idée de faire comme si on était un couple m'amusait. Nous aurions été beaux et bien ensemble.

C'est décidé. Je serai aussi gentille que Manu. Au diable l'orgueil. Ils me prendront telle que j'apparaîtrai. Je saute dans une tenue présentable et j'accours. Voilà ! Tant pis s'il est minuit moins une à mon arrivée. Je dirai la vérité à Manu. Une poutre m'a ébranlée, puis mon ex-amoureux m'a laissée K.O. Mea culpa. Pardon. Désolée.

Une robe noire ajustée, des bas fins, des souliers à talons, j'attrape une trousse de maquillage pour me faire une beauté aux feux rouges et hop !

Zéro embouteillage. Fiou ! Je file vers Montréal en écrasant la pédale jusqu'à ce qu'une lointaine sirène me rappelle que j'ai déjà accumulé plusieurs points d'inaptitude, que je n'ai pas de budget prévu pour une contravention de plus et que je suis déjà bien assez en retard sans ajouter un intermède policier.

Calma por favor ! T'as raté un rendez-vous important, Do. C'est poche mais c'est tout. Pourquoi suis-je en train de réagir comme si mon existence était en péril ? La fatigue, sans doute. Une grosse semaine de travaux forcés avant même l'offensive de monsieur l'ingénieur, suivie du face à face avec Paul.

Une bonne fée m'assiste. À preuve, un espace de stationnement se libère devant moi à vingt mètres du Musée des beaux-arts. Manu ne m'attend pas dans le vaste hall d'entrée. Il profite de la soirée après avoir renoncé à moi. Tant mieux.

Deux gentilshommes en livrée arborant nœuds papillon et gants blancs me guident vers une magnifique salle de réception d'où s'échappe une musique de film version symphonique. Je profite de cette courte marche pour secouer vigoureusement à deux mains ma tignasse encore mouillée. N'ayant attrapé que deux feux rouges, j'ai à peine pu colorer mes lèvres et noircir mes cils et, à défaut d'un parfum exotique, je sens le savon de bébé. C'est quand même mieux que la sueur de chantier.

J'aperçois d'abord les musiciens du quatuor à cordes arrachant des notes entraînantes à leur instrument. Hon ! La violoncelliste porte une robe identique à la mienne. Les autres femmes dans la salle affichent des tenues plus spectaculaires. Moi qui adore le chiffon, j'en ai plein les yeux.

Une dizaine de couples dansent devant l'orchestre. Ils sont tous élégants et se déplacent avec une grâce aérienne que je ne saurais imiter. Pourquoi n'ai-je jamais appris à danser ? J'aimerais bien me mouvoir avec l'air de ne pas toucher le sol à la manière de cette jeune femme au centre de la piste, sosie de Nicole Kidman. Elle porte justement une des robes les plus ravissantes, un simple drapé de soie rubis ajusté à la taille, dont la jupe vole autour d'elle en soulignant la finesse de ses jambes.

Soupir et re-soupir. J'allais détourner le regard avant de trop m'identifier à Cendrillon dans la scène de la souillon balayant les cendres lorsque je reconnais l'homme enlaçant la beauté fatale. Lui aussi m'aperçoit. Surpris (ou peut-être dégoûté), il laisse ses bras retomber de chaque côté des splendides épaules de Miss America. Alertée, la jeune déesse lui offre un sourire à conquérir tous les rois, et Manu redevient le parfait prince charmant. J'en profite pour décamper.

Aussi triste et misérable qu'une truite parachutée sur les sables du Sahara, je me serais peut-être précipitée dans les bras du seul gentilhomme en livrée encore de service dans le hall d'entrée si une voix connue ne m'avait interpelée.

Stop. Un petit sermon de moi à moi s'impose. Reprends tes esprits, espèce de cloche! que je me dis. Ce n'est pas Paul qui paradait sous tes yeux avec Nicole Kidman. C'est Manu. Tout va bien. Excuse-toi pour l'affreux retard et finis-en avec les drames. T'en as eu ta part aujourd'hui.

Manu fonce vers moi, grave et déterminé, puis s'arrête brusquement à trois pas.

— Je t'ai laissé des tas de messages…, se plaint-il. J'ai tout de suite imaginé un accident de voiture. Je me suis tellement fait de mauvais sang…

— Tout va bien, soufflé-je sur un ton exprimant le contraire.

— Qu'est-ce qui se passe? demande-t-il, si sincèrement inquiet que j'en suis remuée.

Ah non! Retiens-toi, Do… Respire. Allez! Lentement… Profondément…

Rien à faire. Mes yeux s'emplissent d'eau. Je ne saurais même pas expliquer pourquoi.

Manu me contemple, désemparé, cherchant à deviner ce qui a bien pu m'arriver pour que je surgisse à cette heure et dans cet état.

J'étouffe un sanglot. Le voilà tout à fait alarmé. C'est bien Manu. Zéro trace de ressentiment. Nulle méfiance. Soucieux de l'autre, tout simplement.

Il comble la distance entre nous. Dépose une main sur mon épaule.

Je me colle contre lui comme s'il faisait moins trente-douze. Sa main glisse dans mon dos, presse ma taille. Ses deux bras m'enveloppent.

Les larmes succèdent aux larmes. La source semble intarissable. Me voilà qui renifle à grand bruit maintenant.

— Ça va mieux ? s'enquiert-il en m'offrant un sourire attendri.

Je parviens à murmurer un son apparenté à un oui en essuyant mes joues du revers de la main, attrapant au passage le jus disgracieux sous mon nez.

Sans doute serais-je parvenue à sourire à mon tour si Miss America ne s'était pas matérialisée dans mon champ de vision. Manu ne l'a pas encore aperçue.

J'ai beau chercher les mots appropriés pour quitter mon bel ami sans devoir m'expliquer devant cette merveille de la nature venue le réclamer, rien ne vient. Alors, je dépose l'ombre d'un baiser sur le bout du nez de Manu et je disparais aussi vite que Cendrillon sous les coups de minuit.

Quatre jours de grâce. Un formidable été des Indiens à retardement. Et pas de nouvelles de monsieur l'ingénieur. Ma poutre est donc conforme. Merci, mon Dieu! Gloire à toi, Allah! Alléluia!

Timothée s'imagine que l'été est de retour pour de bon. Ma petite bibitte poilue dépense des milliards de calories à courir de la maison au quai et du quai aux voisins comme si sa queue était en feu. *Il fait beau, il fait chaud, il ne pleut pas, je suis heureux*, clame-t-il en faisant fuir les mésanges.

Cricri accepte de participer à l'euphorie avec moi. Nous enfilons nos combinaisons isothermes et hop! à l'eau. Le choc est brutal. Je reste le plus longtemps possible sous la surface, rasant le fond, pendant que l'eau s'infiltre sous le caoutchouc synthétique. Douze, treize, quinze... vingt... vingt-cinq... trente-cinq secondes. Ouf! Mon corps a réussi à réchauffer la mince couche d'eau emprisonnée entre la combinaison et ma peau. Le rite initiatique terminé, il ne reste plus qu'à déguster ce bonheur festif. Une délicieuse baignade sous ce ciel gris tendre de fin octobre.

Un cri strident me surprend. Virement de bord pour en identifier l'origine. Le seigneur du lac me fixe de son œil rond. Il est tellement proche de moi que je peux étudier la texture des barbes de son plumage, les reflets de lumière irisant son pâle collier de plumes, les perles d'eau brillantes sur ses ailes repliées. Imperturbable même si ma présence le met sans doute aux abois, il ouvre bien grand son long bec effilé et hulule à n'en plus finir, déclenchant en moi une émotion indéfinissable.

Tant d'intensité me chavire. Qu'essaie-t-il de dire? Il me semble déceler une salutation au cœur de ce vibrant appel. Le huard signale ma présence aux siens, c'est sûr, mais, en même temps, j'ai l'impression qu'il me souhaite bonjour. Peut-être reconnaît-il ainsi mon droit d'investir ce lieu qui, à mes yeux, malgré tous les revers, conserve sa magie.

Cricri a fait une razzia chez Adonis. Poulet shish taouk, navet mariné, olives au cumin, pains pitas moelleux, feuilles de vigne à l'huile parfumée, tomates savoureuses, tzatziki et fromage de brebis. Un vin italien avec ça pour rester cosmopolite.

— Je le passerais au micro-ondes si j'osais, badine mon amie en goûtant au Montepulciano d'Abruzzo, encore grelottante malgré ses trois pulls après une trop longue baignade pour la saison.

— On peut se faire un vin chaud si tu veux, ma petite Cricri…

Impossible de passer à l'acte: la sonnerie du téléphone nous interrompt.

— C'est sûrement un solliciteur, prévient mon amie. Laisse-le sonner…

Ça pourrait aussi être un de mes rejetons chéris. Je me dirige donc quand même vers l'appareil en me surprenant à espérer que ce soit Manu, à qui je n'ai pas reparlé depuis l'épisode du musée.

Tout au long de l'entretien, Cricri me lance des points d'interrogation insistants. Lorsque je redépose enfin le combiné, elle s'exclame :

— Pis ? C'était *quoi*, ça ?

— Attache-moi ! Sinon, je tue quelqu'un.

— C'est si grave ?

J'ai besoin de mettre de l'ordre dans mes pensées avant de répondre. C'est trop gros. Trop…

— Qui tuerais-tu ?

Bonne question.

— Moi, sans doute…

À voir comment mon amie me dévisage, aussi perplexe qu'inquiète, j'ai une mine épouvantable.

— C'était l'ingénieur. Il n'a pas téléphoné avant parce que sa femme a été hospitalisée d'urgence dimanche.

— Tu la connais ?

— Non. Et elle va mieux. Le vrai drame, c'est que la nouvelle poutre maîtresse en acier de la maison des petits cochons n'est pas conforme. Il faut la changer.

— Ouuuaaache! Ils vont relever la maison? Tout recommencer?

— Chai pas.

Silence. Et re-silence.

— Ton ingénieur… il est sûr de ses calculs? Il charrierait pas un peu?

— Il dit que, si c'était chez lui, il installerait dès demain un soutien temporaire pour compenser la faiblesse de la structure en attendant le remplacement de la poutre par une plus grosse.

Instinctivement, Cricri lève les yeux vers le plafond comme si la maison risquait de s'écrouler dans les prochaines secondes.

— Tue quelque chose. Une mouche, un maringouin, un mulot. N'importe quoi. T'as le droit. Même que ça me ferait du bien à moi aussi.

Un rire rauque s'échappe de ma gorge. Une chance que Cricri est ici.

— Bon. Si tu ne tues rien, que fais-tu?

— J'appelle Mathieu.

— C'est vrai. Il y a le code de la construction, les garanties. T'es protégée, c'est sûr.

— Je suis pas protégée une miette.

— Comment ça?

— J'ai tout réglé. Mathieu a reçu le dernier versement pour la fin des travaux.

— Pffft! Ça ne change rien. Tu as un contrat. Une entente signée. C'est ce qui compte.

— Ben… justement…

L'horreur s'infiltre dans son regard. Ses yeux s'agrandissent démesurément.

— T'as… t'as… t'as pas…

— Exact. J'ai pas de contrat. J'aurais dû. Je le sais. Je pourrais t'expliquer comment c'est arrivé… J'ai fait confiance à mon bon gros géant.

Mon amie est tellement catastrophée que je devrais peut-être la rassurer. J'ai beau me rappeler que c'est moi qui suis dans le pétrin, l'angoisse ne m'atteint pas. Un phénomène de défense sans doute. On cesse de ressentir quoi que ce soit quand tout va trop mal.

Non… Je reconnais ce que j'éprouve. C'est l'énergie du désespoir. Le syndrome d'état d'urgence. Quand le feu est pris et qu'il faut sauver des vies.

— À qui téléphones-tu? s'inquiète Cricri en me voyant soulever le combiné. Il est tard.

— Je sais.

Je ne m'attends pas à ce que Mathieu réponde, mais je peux au moins lui laisser un message vocal clair. J'ajouterai un texto. Et un courriel aussi.

— Oui, allo…

Miracle! Mathieu est au bout du fil.

— C'est moi. La maison de la rue…

— Oui… Bonjour… Je te reconnais, lance-t-il gentiment.

— La poutre d'acier de ma maison n'est pas conforme.
C'est même dangereux. Mathieu… Au secours!

Silence.

— C'est l'ingénieur qui a dit ça?

— Oui.

— La poutre que j'ai installée chez toi pourrait soutenir une maison deux fois plus lourde que la tienne.

— L'ingénieur prétend que c'est à cause des toits. La
charge est concentrée en un lieu. Il a effectué les calculs…

— Il se trompe.

Silence.

— Écoute… Arrête de te faire du mauvais sang tout de
suite. Au pire du pire, une poutre, ça se remplace. C'est
pas l'fun… mais c'est faisable. Si l'ingénieur a raison, j'as-
sumerai. Tu n'auras pas un sou à débourser. Compris?
Mais il est mieux d'avoir des preuves en béton parce que
j'y crois pas.

*J*usqu'où peut-on aimer? Jusqu'où devrait-on aimer?

Jusqu'au ciel! exigent les tout-petits. Ou mieux: jusqu'à l'infini.

D'accord pour les enfants. Mais une maison alors?

Mishe est catégorique:

— Tu remplaces le maudit *beam*, t'obtiens un certificat de l'ingénieur statuant que tout est conforme et tu mets en vente au plus sacrant. Ça suffit les folies!

J'avoue pencher du même côté. Trop c'est trop.

Le verdict est tombé. Mathieu doit changer la poutre maîtresse. Aucun soulèvement à l'horizon heureusement, la maison des petits cochons restera à sa place. Avec la bénédiction de monsieur l'ingénieur, le bon gros géant va scier à chaque extrémité la poutre d'acier qui fait près d'un pied d'épaisseur afin de remplacer le grand segment par une autre encore plus massive.

Bien sûr, j'ai protesté.

— On ne va quand même pas laisser la maison reposer *ad vitam æternam* sur une poutre soudée à deux endroits.

— Tut tut tut ! a riposté l'ingénieur. Une poutre soudée est plus forte qu'une poutre non soudée. C'est un prin-
cipe d'ingénierie.

N'empêche que j'ai des crampes au ventre rien que d'y
penser. En plus, la mousse d'uréthane ayant déjà été souf-
flée sur tous les murs ainsi que sur les premiers pieds de
la poutre, il faut gratter et arracher l'isolant autour de la
zone de soudure sinon la maison va flamber. Mathieu m'a
d'ailleurs expliqué que deux ouvriers seront armés de
bonbonnes pour pulvériser en cas d'incendie. Des sou-
deurs ultraspécialisés feront quatre cents kilomètres de
route pour intervenir chez les petits cochons. Et une armée
d'hommes forts sous les ordres du géant sera affectée à la
manutention extrême.

Et dire que ma maison s'est refait une beauté. Tout
était prêt pour l'hiver. Je pouvais prendre l'avion dans
deux semaines pour le Salon du livre de Montreuil sans
devoir m'inquiéter des petits cochons. Bruno et son incomparable *helper* ont réparé et repeint tout ce qu'il fallait, à
l'extérieur comme à l'intérieur. Les travaux devraient être
enfin ter-mi-nés. Cette histoire de poutre vide mes réserves
de patience, de courage et de résilience. Ce que j'ai acheté
n'est pas une catastrophe, ni la définition même d'un vice
caché comme a souligné Bruno, c'est une ca-la-mi-té.

Une fois la poutre remplacée, il restera encore des
fenêtres à changer, les murs extérieurs à arracher afin de
les isoler correctement, le revêtement neuf à poser, les
toits à refaire au complet, structure comprise, le panneau
électrique à modifier. Sans parler du sous-sol ! En cours
de route, qu'arrivera-t-il encore ? Quel fléau ma maison
trouvera-t-elle pour m'éprouver davantage ?

Avec le prétexte d'une boîte de tisane à la réglisse et quelques mignardises de mon chocolatier préféré à offrir en cadeau, je déménage mon cafard chez Lili, de retour d'un long séjour, mystérieux comme toujours.

En l'apercevant, magnifiquement bronzée, je m'écrie :

— Vous arrivez du Sud ! Chanceuse !

Elle éclate d'un rire argentin.

— D'Espagne. De l'île de Majorque plus précisément.

Mon imagination s'emballe. Lili a un amoureux cata-lan avec qui elle se balade en décapotable sous un soleil brûlant, longeant les criques et les plages de sable au son de musiques romantiques. Une foule de questions se pressent à mes lèvres, mais je ne puis me résoudre à les poser. On dirait qu'il y a chez Lili un territoire privé à res-pecter, une sorte de frontière invisible à ne pas franchir.

Avant même qu'elle n'ait préparé notre collation, j'ai déjà déballé mon sac de confidences. Lili sait tout de mes dernières déconvenues avec la maison des petits cochons. Et ne semble guère compatir !

— Elle vous teste, déclare-t-elle.

— Ma maison ?

— Tout à fait. Cessez de consulter vos amis pour déci-der si vous devez vendre ou pas ; ce qu'en pense votre entourage n'a aucune importance. Et la question n'est pas de savoir s'il s'agit d'un bon investissement ou pas. Oubliez aussi la poutre. C'est réglé ! Votre entrepreneur a promis de s'en occuper.

— C'est vrai. L'ingénieur n'en revient pas. Il jure n'avoir jamais vu ça. Je suis tombée sur un entrepreneur exceptionnel. Normalement, il ne bougerait pas et je devrais me battre en cour pour obtenir un remboursement du coût des travaux.

— Bah ! Vous saviez depuis le début que vous pouviez faire confiance à votre géant, tranche Lili en haussant les épaules. Soyez fière de vous aussi.

L'idée me plaît. Au lieu de me sentir tête de linotte parce que je n'ai pas de contrat, je me féliciterais d'avoir eu confiance en Mathieu. Je vote pour !

— Vous pensez que ma maison me teste…

— Eh oui. C'est ça, l'amour.

Beurk ! J'aurais imaginé Lili plus idéaliste. C'est ça, l'amour ? Se tester ? S'éprouver ? Ouache !

Ses yeux pétillent. Elle s'amuse, la coquine…

— Ce n'est ni malin ni mesquin, plaide-t-elle, soudain fervente. Votre maison a besoin de savoir si vous êtes le bon proprio pour elle. Et vous, vous devez vous demander si votre place est chez elle.

Lili a désormais toute mon attention.

— C'est pareil en amour. Ce que peuvent penser votre sœur, votre copine ou la voisine de l'homme dont vous êtes éprise est totalement sans intérêt. Vous seule possédez la réponse. Ma grand-mère m'a enseigné cette vérité iné-branlable. Vous voulez savoir si vous devriez épouser tel homme malgré tel ou tel défaut ? disait-elle. Ouvrez votre tiroir d'amour pour lui et regardez s'il y en a assez.

Me voilà projetée dans ma relation avec le père de mes enfants, puis dans mon histoire avec Paul. Ce qu'expose Lili m'apparaît tout à coup très sage. C'est vrai. Le calcul de compatibilité est lié à un aspect éminemment intime : le poids de l'amour. L'ingénierie du cœur !

— Jusqu'où l'aimez-vous, votre petite maison ? insiste Lili.

C'est moi qui devrais lui poser une question. Êtes-vous un peu sorcière ou fée, chère voisine ?

Lili s'est levée pour préparer la tisane et déposer les mignardises dans une de ses superbes assiettes de porcelaine fine cerclées d'or, témoins de nombreuses décennies d'histoires de vie. Par habitude, j'en profite pour sortir mon portable afin de vérifier si je n'ai pas reçu de nouveaux messages.

Surprise ! Manu m'a écrit.

Comment vas-tu, belle amie ?

De mon côté, rien de dramatique, mais je me suis foulé la cheville – et pas à peu près ! – en dansant avec ma sœur au musée. Rendez-vous médicaux, radios, ortho, physio. La totale. Depuis, je me balade avec une moumoute au pied.

Je n'ai pas eu l'occasion de te le dire, mais tu étais superbe dans ta robe moulante. Jure-moi que tu danseras un jour avec moi.

J'espère qu'aucune tragédie ne secoue ta vie.
Si des vilains t'embêtent, moumoute ou pas, je vole à ton secours.

Ton Manu

Sa sœur ! Ça me rassure. C'est con pourtant... Il peut bien danser avec qui il veut ! En relisant son message quelque chose me chicote. Le ton... C'est un cran de plus que gentil. Un tantinet flirt peut-être.

Lili me surprend en pleine rêverie.

— Je parie un million que ce message ne vient pas de votre sœur, lance-t-elle en déposant un plateau sur la table basse entre nos fauteuils.

Elle s'assied, lisse le tissu de sa longue robe sur laquelle des aurores boréales semblent danser dans une explosion de couleurs, m'observe un moment et murmure :

— Parlez-moi de lui...

— De Manu ?

— C'est son nom ?

J'éclate de rire.

— Je le connais depuis sept ans. Il est adorable. Chaque fois qu'on se voit, on discute sans arrêt et c'est toujours génial.

Voilà. C'est tout. Lili n'est pourtant pas satisfaite. Elle attend. Elle veut savoir pourquoi j'ai rangé Manu parmi les amis et non les amoureux. Cricri, Mishe, Peter Pan, Dgépi, Ti-Guy, mon frère m'ont tous posé la même question.

Je répète donc :

— On s'est connus à une soirée. Ça a cliqué... mais en amitié. Pas de phéromones dans l'air. Je n'espérais pas qu'il m'embrasse et, à mon avis, il n'y a pas songé. C'est ce qui fait qu'on est si bien. Ce qui nous unit, c'est clairement et uniquement l'amitié.

Lili réprime un bâillement. Soit elle trouve mon explication ennuyeuse ou encore elle meurt de fatigue. Je me lève pour partir.

Devant la porte, juste avant que je me glisse dans cette douce nuit de faux été, elle lâche :

— Si vous me permettez un conseil… je pense qu'un bon ménage de tiroirs s'impose.

Allongée dans mon lit, la fenêtre de ma chambre largement ouverte sur un vent d'automne vivifiant, je fouille dans mes tiroirs comme l'a suggéré Lili, pendant que Tim ronfle faiblement à mes pieds. Plus je fouille, plus le contenu des tiroirs s'emmêle. Le père de mes enfants, Paul, la maison des petits cochons, les trois milliards de candidats désespérants, Manu…

Je revis ce soir où on s'est rencontrés. Comment l'ai-je perçu ? Qu'ai-je éprouvé lorsqu'on nous a présentés l'un à l'autre ?

J'étais… déçue ! Je m'en souviens maintenant.

Mais pourquoi ? Manu était grand, mince, d'allure sportive, les yeux rieurs, le sourire charmeur, ouvert, accueillant.

Pourquoi ?

Tim s'éveille en sursaut. Il jappe comme si une meute de loups enragés attaquait les petits cochons. Rien à faire pour le calmer. Ma petite Terreur est prête à manger la porte pour sortir dehors.

Sitôt à l'extérieur, Timothée file droit chez Lili en aboyant comme un malade. C'est la troisième fois cet été. Tout ce raffut pour une stupide marmotte devenue son ennemie jurée. Il l'entend ou la sent de très loin et, du coup, se transforme en fauve enragé même si ladite bibitte est deux fois plus grosse que lui.

Si je laisse mon chien japper, je passe pour une mauvaise maîtresse, si je crie après lui, je passe pour une maîtresse sans discipline puisqu'il n'obéit pas. Donc, je crie à demi pendant que ma bête se fiche éperdument de moi. L'espèce de #!@%&!!! disparaît maintenant derrière chez Lili. Je suis Timothée, même si je n'y vois rien. Ou presque…

En effet, une lampe est restée allumée dans le salon. Et… je m'approche encore… la porte d'entrée n'est pas fermée.

Lili gît sur le sol. Inanimée.

*C*ité-de-la-Santé. Chambre 1506. Lili bat des paupières. Ouvre les yeux. Me reconnaît.

Sa main droite glisse sur le drap blanc en s'approchant de moi. Un frêle sourire se dessine sur son visage fatigué. Je dépose mes doigts sur les siens.

— À mon retour, on célèbre Timothée, promet-elle.

— C'est sûr.

On ne saura jamais si mon chien a fait preuve de pouvoirs surnaturels ou s'il poursuivait bêtement une vieille marmotte. N'empêche que, sans lui, Lili serait morte. Son cœur venait de flancher juste avant mon arrivée.

Elle s'était levée pour ranger des outils de jardinage oubliés dehors, mais s'est écroulée avant de franchir la porte d'entrée. J'ai composé le 911 dans la cuisine. Puis, je suis allée sonner chez Catherine. La dame d'Urgences-santé m'avait recommandé de rester en ligne tout en surveillant Lili, mais je n'ai pas obéi. Bien plus que Tim, c'est Catherine qui a sauvé la vie de ma vieille amie. Par-delà les apparences, ma voisine un peu grognonne est un ange. Bénévole à la Croix-Rouge depuis vingt ans, elle y donne elle-même le fameux cours de premiers soins que je devrais suivre. On ne peut souhaiter meilleure assistance en cas de défaillance.

J'aurais dû noter que Lili était moins rieuse que d'ordinaire hier soir. Elle n'a même pas goûté aux mignardises que je lui avais apportées alors qu'elle raffole de tout ce qui est finement sucré. Et à quelques reprises, je me souviens de l'avoir vue frotter son bras gauche. Catherine m'a aidée à identifier ces signes après coup. Un peu ignorante et trop prise par mes petits soucis, je n'avais pas reconnu les symptômes classiques.

L'infirmière au poste d'accueil m'a prévenue. Lili a besoin de repos. Je ne dois pas prolonger ma visite. Mais, avant de partir, j'ai quelque chose d'important à lui dire.

— J'ai trouvé la réponse. Pour Manu... Ce qui m'a rebutée, dès le début, c'est qu'il ne ressemblait pas du tout à Paul.

Lili me gratifie d'un sourire craquant. À croire qu'elle avait deviné !

— J'ai passé ces dernières années à chercher une réincarnation de Paul en version améliorée. Suffit de visionner en rafale les photos des hommes que j'ai choisis depuis : c'est flagrant. Je dirais même : dé-ses-pé-rant !

Sauf que je n'ai pas l'air désespérée. J'ai plutôt l'impression d'avoir réussi avec l'aide de ma vieille amie à dénouer un gros nœud dans ma vie.

— Raconte! me presse Peter Pan.

Lui et Nat ont préparé un repas chez moi en mon absence en réunissant les restes de nos trois frigos.

Un soupir quasi interminable s'échappe de ma bouche. Par où commencer? Par chance, Catherine leur a résumé ce qui est arrivé à Lili. L'histoire a déjà fait le tour de Saint-François, Dieu seul sait comment.

— Au dépanneur, une ado prétendait que Timothée a réanimé Lili en jappant, rigole Nat.

— Elle va bien, dis-je simplement.

— T'as une drôle de mine, toi, glisse Peter Pan.

— Ce que j'ai à annoncer mérite des bulles, décidé-je. Ça tombe bien: j'en ai au frais.

Pierre revient subito avec le divin liquide et Nat, avec trois verres.

— On trinque à Lili? s'enquiert mon amie.

— Oui et non…

— Lâche le morceau ou je quitte les lieux, menace Peter Pan.

— Je suis enceinte.

Nat crache du champagne de manière très peu élégante en s'étouffant. Peter Pan rit aux éclats.

— Je suis enceinte d'un nouveau livre. J'ai trouvé l'idée en voiture entre l'hôpital et ici. Mon prochain roman racontera l'histoire de Lili.

— Excuse-moi, chérie, mais ça s'appelle une biographie, fait remarquer Peter Pan.

— Nan. Je ne vais pas me mettre à embêter Lili avec des tonnes de questions. Je préfère imaginer sa vie. Elle sera mon inspiration, ma muse. Je vais la décrire comme je la vois, mais en lui inventant un passé, un présent et un futur. C'est un projet emballant !

— Un rien t'excite, glisse Pierre, amusé.

— Un rien ? Tu ne comprends pas. Je viens de trouver le pays où je vais vivre pendant au moins toute la prochaine année. Et ce voyage me tente beaucoup. C'est fantastique.

On trinque à mon projet.

— J'oubliais ! s'exclame Nat. Manu a téléphoné. J'ai l'impression qu'il voulait s'inviter, mais je ne savais pas trop comment tu te sentirais alors je n'ai pas osé lui dire de venir. Tu le rappelleras.

— C'est sûr que je vais le faire, dis-je d'une voix plus ferme que nécessaire, comme s'il s'agissait d'une décision capitale au lieu d'un simple appel.

Sur ce, sans m'en rendre compte, je cale mon verre de mousseux. Peter Pan et Nat s'esclaffent en m'observant, ce qui me permet de constater que ma coupe est déjà vide.

— Une grossesse, ça s'arrose ! décide Pierre en remplissant mon verre. À propos, tu vas l'écrire où, ce roman, si tu vends ta maison ?

Mes entrailles se nouent.

Je sais que dehors le ciel est piqueté d'étoiles au-dessus de la maison des petits cochons et que demain matin le soleil explosera dans la cuisine-salon-salle à dîner. Je sais aussi que j'ai envie d'écrire mon prochain roman ici. Tout comme je sais que j'ai hâte de revoir Manu.

Mais, plus que tout, je sais que mon grand amour, ma plus puissante passion, ma vraie de vraie maison, c'est l'écriture. Une fondation de vingt-six lettres, des murs de papier, des mots, des espaces, des virgules et des points pour capturer la vie, réinventer le monde, fracasser les interdits, faire reculer l'horizon des possibles.

Les mots sont et resteront sans doute mes amoureux les plus fidèles. Cette maison-là ne peut s'écrouler, les années ne font que l'emmieuter et je n'aurai jamais assez de toute ma vie pour l'explorer de la cave au grenier.

Lili va mourir un jour. Comme ma mère, comme mon père, comme le père de mes enfants. La maison des petits cochons sera éventuellement démolie ou totalement reconstruite. Les mots survivront. Peut-être même que les livres aussi.

Mon idylle avec la maison des petits cochons pourrait durer toute la vie. Ou pas. Après vérification dans le tiroir qui lui est réservé, j'ai assez d'amour pour lui pardonner encore plusieurs mauvais coups. Et chacun des livres que j'y écrirai la rendra plus précieuse à mes yeux.

Nat et Peter Pan attendent toujours ma réponse. Ils n'ont pas envie que je vende la maison des petits cochons.

— Mon nouveau roman ? Je vais l'écrire ici, c't'affaire. Dans la Vallée du bonheur ! Ce serait fou d'aller ailleurs !